AF555114

CATALOGUE

DE

LIVRES DE LITTÉRATURE

D'HISTOIRE ET D'ARCHÉOLOGIE.

ORDRE DES VACATIONS.

PREMIÈRE VACATION. — *Lundi 9 octobre 1876.*

Nos 1 à 209

DEUXIÈME VACATION. — *Mardi 10 octobre.*

210 à 413

TROISIÈME VACATION. — *Mercredi 11 octobre.*

414 à 630

QUATRIÈME VACATION. — *Jeudi 12 octobre.*

631 à 838

CINQUIÈME VACATION. — *Vendredi 13 octobre.*

839 à 979

SIXIÈME VACATION. — *Samedi 14 octobre.*

Livres en lots.

CONDITIONS DE LA VENTE.

La vente se fait au comptant.

Les acquéreurs payeront 5 0/0 en sus des enchères, applicables aux frais.

Les réclamations devront être faites dans les vingt-quatre heures de l'adjudication. Passé ce délai, ou une fois sortis de la salle de vente, les ouvrages adjugés ne seront repris pour aucune cause.

Il y aura, *chaque jour de vente, de deux à quatre heures, exposition des livres composant la vacation du soir.*

Le libraire chargé de la vente remplira les commissions des personnes qui ne pourraient y assister.

Paris. — Typographie Georges Chamerot, rue des Saints-Pères, 19.

CATALOGUE

DE

LIVRES DE LITTÉRATURE

D'HISTOIRE ET D'ARCHÉOLOGIE

COMPOSANT LA

BIBLIOTHÈQUE DE FEU M. GUIGNIAUT

COMMANDEUR DE LA LÉGION D'HONNEUR
SECRÉTAIRE PERPÉTUEL HONORAIRE DE L'ACADÉMIE DES INSCRIPTIONS ET BELLES-LETTRES
PROFESSEUR HONORAIRE A LA FACULTÉ DES LETTRES

DONT LA VENTE AURA LIEU

Le lundi 9 octobre 1876 et les cinq jours suivants
à sept heures et demie précises du soir

Rue des Bons-Enfants, 28 (maison Silvestre)
Salle n° 1

Par le ministère de Me BAUBIGNY, commissaire-priseur,
Rue de Grammont, 20.

PARIS
ADOLPHE LABITTE
LIBRAIRE DE LA BIBLIOTHÈQUE NATIONALE
4, rue de Lille, 4

—

1876

CATALOGUE

DES

LIVRES DE LITTÉRATURE

D'HISTOIRE ET D'ARCHÉOLOGIE

COMPOSANT LA

BIBLIOTHÈQUE DE FEU M. GUIGNIAUT

Commandeur de la Légion d'honneur
Secrétaire perpétuel honoraire de l'Académie des inscriptions et belles-lettres
Professeur honoraire à la Faculté des lettres.

THÉOLOGIE.

I. MYTHOLOGIE.

1. Scriptores rerum mythicarum latini tres Romæ nuper reperti. Edidit ac scholiis illustravit Dr Georgius Henricus Bode. *Cellis*, 1834, 2 vol. in-8, v. rac. tr. marbr.

2. Friedrich Creuzer. — Symbolik und Mythologie. *Leipzig und Darmstadt*, 1836, 4 vol. — Die historische Kunst der Griechen in ihrer Entstehung und Fortbildung. 1845. — Zur Geschichte der classischen Philologie seit wiederherstellung der Literatur. *Frankfurt*, 1854. — Opuscula selecta. *Lipsiæ*, 1854. —Varia præcipue ad antiquit. gr. et rom. — Zur Gallerie der alten Dramatiker. *Heidelberg*, 1839. — Ens. 9 vol. gr. in-8, demi-rel. maroq. br.

3. Abbildungen zu Friedrich Creuzers Symbolik und Mythologie der alten Völker. — Auf sechszig Tafeln. *Leipzig und Darmstadt*, 1819, in-4 br.

4. Galerie mythologique, recueil de monuments pour servir à l'étude de la mythologie, de l'histoire de l'art, de l'antiquité figurée et du langage allégorique des anciens, avec 190 planches gravées au trait, par A.-L. Millin. *Paris*, *Soyer*, 1811, 2 vol. gr. in-8, cart. n. rog.

5. Nouvelle Galerie mythologique, comprenant la Galerie mythologique de feu A.-L. Millin, revue et complétée, formée de près de 300 planches gravées au trait, renfermant environ 1,000 monuments relatifs aux religions de l'Inde, de la Perse, de l'Égypte, de l'Asie occidentale, de la Grèce et de l'Italie ancienne, avec leur explication, par J.-D. Guigniaut. *Paris, Firmin Didot frères*, 1850, in-8 de texte et in-8 de planches, demi-rel. v. rose.

6. C.-A. Bottiger. — Ideen zur Kunst Mythologie. *Dresden und Leipzig*, 1826, 2 vol. in-8, demi-rel. v. fauve.

7. Die Mythologie der Ægypter, Griechen, Römer, Germanen und Slaven, von Konrad Schwenek. *Frankfurt am Main*, 1843-1853, 7 vol. in-8, demi-rel. v. fauve.

8. La Mythologie et les Fables expliquées par l'histoire, par M. l'abbé Banier. *Paris*, 1738, 3 vol. in-4, v. antiq.

9. Mythologische Briefe, von Johann Heinrich Voss. *Königsberg*, 1794, pet. in-8, demi-rel. v. bleu.

10. Mythologische Briefe, von Johann Heinrich Voss. *Stuttgard*, 1827, 3 vol. in-8, demi-rel. v. viol.

11. Mythologische Forschungen aus dem Nachlass der Johann Heinrich Voss. Zusammengestellt und herausgegeben von Dr N.-G. Brzoska. *Leipzig*, 1834. 2 tomes en 1 vol. in-8, demi-rel. v. fauve.

12. Untersuchungen über den Mythos der berühmtern Völker der alten Welt, von I.-L. Hug. *Freyburg und Konstanz*, 1812, in-4, dem.-rel. v. fauve.

13. Symbolick und Mythologie, oder die Naturreligion des Alterthums, von F.-Chr. Baur. *Stuttgart*, 1824, 3 vol. in-8, demi-rel. v. fauve.

14. Mythologie, oder gesammelte Abhandlungen über die Sagen des Alterthums, von Philip Buthmann. *Berlin*, 1828, 2 vol. in-8, demi-rel. v. vert.

15. Schellings. Philosophie der Mythologie. *Stuttgard und Augsbourg*, 1856, 2 vol. in-8, demi-rel. maroq. brun.

16. Chips from a German Workshop, by Max Müller. — Essays on the science of religion. — Essays on Mythology, traditions and custome. *London*, 1867, 2 vol. in-8, cart. angl.

17. Essais sur la Mythologie comparée, les traditions et les coutumes, par Max Müller, ouvrage traduit de l'anglais par George Perrot. *Paris, Didier*, 1873, in-8, br.

18. Genealogiæ deorum gentilium Joannis Boccatii. (A la fin :) *Impressum Vincentiæ per Symonem de Gabis papien-*

sem, anno salutis M cccc Lxxxvii, in-fol., texte à 2 col. car. ronds, demi-rel. v.

Quelques feuillets remmargés.

19. Die Götter und Heroen der alten Welt, von C.-G. Geppert. *Leipzig*, 1842, in-8, demi-rel. v. fauve.

20. Die Religion der Griechen und Römer, von Dr M. Heffter. *Brandenburg*, 1845, in-8, demi-rel. v. viol.

21. System der griechischen Mythologie, von Julius Franz Lauer. *Berlin*, 1853, in-8, demi-rel. v. fauve.

22. The Mythology of ancient Greece and Italy, by Thomas Keightley. *London, Whittaker and Co.* (planches au trait), 1838, gr. in-8, cart.

23. Jupiter. Recherches sur ce dieu, sur son culte et sur les monuments qui le représentent. — Vulcain, faisant suite au Jupiter, par T.-B. Emeric David; ouvrage précédé d'un Essai sur l'esprit de la religion grecque. *Paris, Imprimerie royale*, 1833, 2 vol. in-8, planches, demi-rel. v. fauve.

24. Recherches sur le culte, les symboles, les attributs et les monuments figurés de Vénus, par M. Félix Lajard. *Paris, Bourgeois Maze*, 1837, texte in-4 et atlas in-fol. de 30 planches gravées sur cuivre et au trait, et un tableau lithographié.

25. Mémoires sur les mystères de Cérès et de Proserpine, et sur les mystères de la Grèce en général, par M. Guigniaut. *Paris, Impr. impériale*, 1856, in-4 br. de 113 pays.

26. Prometheus und sein Mythenkreis, von Dr Herm. Leyser. *Leipzig*, 1842, in-8, demi-rel. v. fauve.

27. Des Associations religieuses chez les Grecs. Thiases, éranes, orgéons, avec le texte des inscriptions relatives à ces associations, par P. Foucart. *Paris*, 1873, in-8, br.

28. Die Religion der Römer, von Hartung. *Erlangen*, 1836, 2 vol. in-8, demi-rel. v. viol.

29. Pauli Ernesti Jablonski. Pantheon Ægyptiorum, sive de diis eorum commentarius cum prolegomenis de religione et theologia Ægyptiorum. *Francofurti ad Viadrum*, 1750, 3 vol. in-8, v. fauve, antiq. fil. tr. dor.

30. An Analysis of the Egyptian Mythology to which is subjoined a critical examination of the remains of Egyptian chronology, by J.-C. Prichard. *London*, 1819, gr. in-8, demi-rel. v. fauve (planches).

31. Réfutation des différentes sectes des païens, de la religion des Perses, de la religion des sages de la Grèce, de la secte

de Marcion, par le Dr Eznig; traduit en français par M. Le Vaillant de Florival. *Paris*, 1853, in-8, demi-rel. v. bleu.

32. Mythengeschichte der asiatisch Welt, von J. Goerres. *Heidelberg*, 1810, in-8, demi-rel. v. fauve.

33. Urgeschichte und Mythologie der Philistäer, von F. Hitzig. *Leipzig*, 1845, in-8, demi-rel. v. vert.

II. RELIGIONS JUDAIQUE ET HINDOUE.

34. Symbolik des mosaischen Cultus, von Ch. W. Fel. Bähr. *Heidelberg*, 1837, 2 vol. in-8, demi-rel. v. antiq.

35. Histoire des institutions de Moïse et du peuple hébreu, par J. Salvador. *Paris, Ponthieu*, 1828, 3 vol. in-8, demi-rel.

36. Oupnek'hat (id est, Secretum tegendum) : Opus ipsa in India rarissimum, studio et opera Anquetil Duperron. *Argentorati*, 1801, 2 vol. in-4, demi-rel. v. viol.

37. Mythologie des Indous, travaillée par Mme la chanoinesse de Polier, sur des manuscrits authentiques apportés de l'Inde. *Paris, F. Schoell*, 1809, 2 v. in-8, demi-rel. veau viol.

38. Introduction à l'histoire du Buddhisme indien, par E. Burnouf. *Paris, Impr. roy.*, 1844, gr. in-4 (tome premier), demi-rel. avec coins maroq. rouge fil.

39. Études bouddhiques, par M. Léon Feer (1re série). *Paris, Impr. nationale*, 1870, in-8, br.

40. Die Religion des Buddha und ihre Entstehung, von Carl Friedrich Kœppen. *Berlin*, 1857, 2 vol. in-8, demi-rel. maroq. noir.

41. Le Lotus de la bonne Loi, traduit du sanscrit, accompagné d'un commentaire et de vingt et un mémoires relatifs au Bouddhisme, par M. E. Burnouf. *Paris, Impr. nation.*, 1852, in-4, demi-rel. avec coins maroq. rouge fil.

42. Essai sur le Véda, ou introduction à la connaissance de l'Inde, par Em. Burnouf. *Paris, Dezobry*, 1863, in-8, br.

43. Essai sur le Mythe des Ribhavas, premier vestige de l'apothéose dans le Véda, avec le texte sanscrit et la traduction française des hymnes adressés à ces divinités, par F. Nève. *Paris, Benj. Duprat*, 1847, in-8, demi-rel. veau viol.

44. Bagavadam, ou Doctrine divine, ouvrage indien canonique. *Paris*, 1788, in-8, demi-rel. v. antiq.

45. Le Tcheou li, ou rites des Tcheou, traduit pour la première fois du chinois par feu Edouard Biot. *Paris, Impr. nationale*, 1851, 2 vol. in-8, demi-rel. maroq. viol.

46. Popol Vuh. — Le Livre sacré et les mythes de l'antiquité américaine, avec les livres héroïques et historiques des Quiches, publié par l'abbé Brasseur de Bourbourg. *Paris, Arthus Bertrand*, 1861, gr. in-8, demi-rel. maroq. vert.

III. RELIGION CHRÉTIENNE. — HISTOIRE DE L'ÉGLISE.

47. Biblia hebræa, chaldæa, græca et latina. *Parisiis, ex officina Roberti Stephani, typographi regii*, 1540, in-fol. réglé, maroq. rouge, fil. à comp. tr. dor. (*Anc. reliure.*)

Le titre est raccommodé, mouillures.

48. Biblia sacra Vulgatæ editionis. *Parisiis*, 1647, pet. in-8, titre front., gr. texte à 2 col. micr. demi-rel. v. rouge.

49. La Sainte Bible résumée dans son histoire et dans ses enseignements, par M. Wallon (Ancien et Nouveau Testament). *Paris, Firm. Didot fr.*, 1854-1859, 2 vol. in-8, demi-rel. mar. noir.

50. La Sainte Bible, Ancien Testament, traduction nouvelle d'après le texte hébreu, par Louis Segond. *Genève et Paris*, 1874, 2 vol. in-8, br.

51. Les Psaumes de David, traduits par J.-M. Dargaud. *Paris, L. Curmer*, 1838, gr. in-8, demi-rel. v. fauve.

52. Le Cantique des cantiques, traduit de l'hébreu avec une étude par Ern. Renan. *Paris, Mich. Lévy fr.*, 1860, in-8, demi-rel. maroq. brun.

53. Job, traduit par J.-M. Dargaud. *Paris*, 1839, gr. in-8, demi-rel. v. fauve.

54. Le Livre de Job, traduit de l'hébreu par Ern. Renan. *Paris, Mich. Lévy fr.*, 1859, in-8, demi-rel. maroq. brun.

55. Histoire critique du Vieux Testament, par le R. P. Richard Simon, prêtre de la congrégation de l'Oratoire. *A Rotterdam*, 1685, in-4, v. antiq. fil.

56. Commentaire géographique sur l'Exode et les Nombres, par Léon de Laborde. *Paris et Leipzig*, 1841, in-fol., cartes, demi-rel. maroq. viol., tr. jasp.

Bel exemplaire.

57. Les Saints Évangiles, traduction de Bossuet, mise en ordre par H. Wallon. *Paris, Firm. Didot fr.*, 1855, gr. in-8, demi-rel. maroq. noir.

58. Les Saints Évangiles, traduction tirée de Bossuet, avec des réflexions prises du même auteur, par H. Wallon. *Paris, Adr. Le Clère*, 1863, 2 vol. in-8, demi-rel. maroq. brun.

59. De la Croyance due à l'Évangile, examen critique de l'authenticité des textes et de la vérité des récits évangéliques, par H. Wallon. *Paris*, 1858, in-8, demi-rel. maroq. brun.

60. Vie de Notre-Seigneur Jésus-Christ selon la concordance des quatre évangélistes, avec une introduction, par H. Wallon. *Paris, L. Hachette*, 1865, in-12, br.

61. Vie de Jésus, par Ern. Renan. *Paris, Mich. Lévy fr.*, 1863, in-8, br.

62. Vie de Jésus, par Ernest Renan. *Paris, Mich. Lévy fr.*, 1867, in-8, demi-rel. mar. brun.

63. Le Christianisme et l'Église au moyen âge, coup d'œil historique, par Etienne Chastel, 1859. — Le Christianisme dans l'âge moderne, 1864. — Ed. Laboulaye, la Liberté religieuse, 1858. — Saint-René Taillandier. Histoire et philosophie religieuse, 1860. — Em. Saisset. Essais sur la philosophie et la religion au XIXe siècle, 1845. — Ensemble 6 vol. in-12 br., dont 1 rel.

64. Les Apôtres, par Ernest Renan. *Paris, Mich. Lévy fr.*, 1866, in-8, demi-rel. maroq. brun.

65. Ernest Renan. — Saint Paul, avec une carte (coloriée) des voyages de saint Paul. *Paris, Mich. Lévy fr.*, 1869, in-8, br.

66. Pensées de Pascal, publiées par Ern. Havet. *Paris, Ch. Delagrave*, 1866, 2 vol. in-8, br.

67. Choix de Sermons de la jeunesse de Bossuet, édition critique par E. Gandar. *Paris, Didier*, 1867, in-8, demi-rel. mar. vert, fleurons.

68. Bossuet orateur, étude critique sur les sermons de la jeunesse de Bossuet (1643-1662), par E. Gandar. *Paris, Didier*, 1867, in-8, demi-rel. maroq. vert, fleurons.

69. Histoire de la destruction du paganisme dans l'empire d'Orient, par Etienne Chastel. *Paris*, 1850, in-8. demi-rel. maroq. vert.

70. Le Christianisme et ses origines. — L'Hellénisme, par Ernest Havet. *Paris, Mich. Lévy fr.*, 1872, 2 vol. in-8, br.

71. Études d'histoire religieuse, par Ern. Renan. *Paris, Mich Lévy*, 1857, in-8, demi-rel. maroq. brun.

72. Histoire de l'Église de Rome sous les pontificats de saint Victor, de saint Zéphirin et de saint Calliste, par l'abbé M.-P. Cruice. *Paris, Firm. Didot fr.*, 1856, in-8, demi-rel. maroq. brun.

73. Matériaux pour l'histoire du Christianisme en Égypte, en Nubie et en Abyssinie, contenus dans trois mémoires académiques sur des inscriptions grecques des ve et vi^e^ siècles. *Paris, Impr. royale*, 1832, in-4, br.

74. History of the martyrs in Palestine by Eusebius, bishop of Cæsarea, discovered in a very antient syriac manuscript, edited and translated into english by William Cureton. *London*, 1861, gr. in-8, cart.

75. Études sur de nouveaux documents historiques empruntés à l'ouvrage récemment découvert des Philosophumena et relatifs aux commencements du christianisme, et en particulier de l'Église de Rome, par l'abbé Cruice. *Paris et Lyon*, 1853, in-8, demi-rel. v. fauve.

76. Philosophumena, sive hæresium omnium confutatio, opus Origeni adscriptum, e codice parisino productum, recensuit Patricius Cruice. *Parisiis, excusum in Typographeo imperiali*, 1860, gr. in-8, demi-rel. maroq. viol.

77. Œuvres de Gerbert, pape sous le nom de Sylvestre II, collationnées sur les manuscrits, précédées de sa biographie, par A. Olleris. *Clermont-Ferrand et Paris*, 1867, in-4, demi-rel. maroq. viol.

78. Jérome Savonarole. Sa vie, ses prédications, ses écrits, par F.-T. Perrens. *Paris, L. Hachette, s. d.*, in-8, demi-rel. v. vert.

79. Histoire de Royaumont, sa fondation par saint Louis et son influence sur la France, par M. l'abbé H. Duclos. *Paris, Ch. Douniol*, 1867, 2 vol. in-8, br., gravures.

80. L'Église et l'État sous les premiers rois de Bourgogne, par M. B. Hauréau. *Paris, Impr. impériale*, 1867, br. in-4 de 36 pages.

81. Gallia christiana, edidit Hauréau. *Paris, Didot*, 1860-1875, tome XV en 3 parties et tome XVI, parties 1 et 2, in-fol., br.

82. Histoire de la Liberté religieuse en France et de ses fondateurs, par J.-M. Dargaud. *Paris, Charpentier*, 1859, 4 vol. in-12, br.

83. L'Assemblée du Clergé de France de 1682, par l'abbé Jules-Théodose Loyson. *Paris, Didier*, 1870, in-8, br.

84. Des Jésuites, par MM. Michelet et Quinet. *Paris, Hachette et Paulin*, 1843, in-8, demi-rel. v. fauve.

85. L'Ultramontanisme, ou l'Église romaine et la Société moderne, par M. E. Quinet. *Paris, L. Hachette et Paulin*, 1844, in-8, demi-rel. v. viol.

IV. HISTOIRE DES CULTES RELIGIEUX.

86. Histoire abrégée des différents cultes, par J.-A. Dulaure. — Des Cultes qui ont précédé et amené l'idolâtrie ou l'adoration des figures humaines. — Des Divinités génératrices chez les anciens et chez les modernes. *Paris, Guillaume*, 1825, 2 vol. in-8, br.

87. Origine de tous les cultes, ou Religion universelle, par Dupuis. *Paris, an III*[e], 3 vol. et atlas in-4, demi-rel. bas.

88. Recherches historiques et critiques sur les mystères du paganisme, par M. le baron de Sainte-Croix ; seconde édition, revue et corrigée par M. le baron Silvestre de Sacy. *Paris, de Bure fr.*, 1817, 2 vol. in-8, demi-rel. v. fauve.

89. De la Religion considérée dans sa source, ses formes et ses développements, par M. Benjamin Constant. *Paris*, 1824, 5 vol. in-8, dem.-rel. v. bleu.

90. La Religion, par E. Vacherot. *Paris, Chamerot*, 1869, in-8, br.

91. Allgemeine Geschichte der Religionsformen der heidnischen Volker, von P.-F. Stuhr. *Berlin*, 1836, 2 vol. in-8, demi-rel. v. fauve.

92. Essais sur l'histoire des religions, par M. Max Müller, ouvrage traduit de l'anglais par George Harris. *Paris, Didier*, 1872, in-8, br.

93. Histoire du Mahométisme, contenant la vie et les traits du caractère du prophète arabe, par Ch. Mills, traduite de l'anglais. *Paris*, 1825, in-8, demi-rel. v. vert.

94. Le Coran, traduit de l'arabe, accompagné de notes et précédé d'un Abrégé de la vie de Mahomet, par M. Savary. *A la Mecque, l'an de l'hégire* 1165, 2 vol. in-8, cart. n. r.

JURISPRUDENCE.

95. Us et coutumes de la mer, ou Collection des usages maritimes des peuples de l'antiquité et du moyen âge, par J.-M. Pardessus. *Paris, Impr. royale,* 1847, 2 vol. in-4, demi-rel. maroq. vert.

96. Essai sur les Lois criminelles des Romains, concernant la responsabilité des magistrats, par Ed. Laboulaye. *Paris, Durand et Joubert,* 1845, in-8, demi-rel. v. fauve.

97. Recherches sur la condition civile et politique des femmes depuis les Romains jusqu'à nos jours, par Ed. Laboulaye. *Paris, Durand et Joubert,* 1843, in-8, demi-rel. v. bleu.

98. Histoire du droit de propriété foncière en Occident, par Ed. Laboulaye. *Paris,* 1839, in-8, demi-rel. v. vert.

99. Des Lois agraires chez les Romains, par M. Antonin Macé. *Paris, Joubert,* 1846, in-8, demi-rel. maroq. vert.

100. Politique des lois civiles, ou Science des législations comparées, par le baron Frédéric de Portal. *Paris, A. Durand et Pedone-Lauriel,* 1873-1874, 2 vol. in-8, br.

101. Ordonnances des rois de France de la troisième race recueillies par ordre chronologique par M. le marquis de Pastoret. *Paris, Impr. royale,* 1840, tome XXe, et 1849, tome XXIe. — Table chronologique, publiée par M. J.-M. Pardessus. *Paris, Impr. royale,* 1847. — Ens. 3 vol. in-fol. brochés.

102. Origines du droit français cherchées dans les symboles et formules du droit universel, par Michelet. *Paris, L. Hachette,* 1837, in-8, demi-rel. v. vert.

103. Recueil général des formules usitées dans l'empire des Francs du ve au xe siècle, par Eugène de Rozière. *Paris, Aug. Durand,* 1859-1871, 3 forts vol. in-8, broch.

104. Recueil général des formules usitées dans l'empire des Francs du ve au xe siècle, par Eug. de Rozière. *Paris, Aug. Durand,* 1859, 2 vol. gr. in-8, demi-rel. maroq. vert.

105. Liber diurnus, ou Recueil des formules usitées par la chancellerie pontificale du ve au xie siècle, publié par Eug. de Rozière. *Paris, Durand et Thorin,* 1869, fort vol. in-8, broché.

106. Notice sur Jean Faure, jurisconsulte angoumoisin du XIVe siècle, par Henri Léridon. *Angoulême*, 1865, br. in-8 de 46 pages.

107. Laboulaye (Ed.). De l'Église catholique et de l'État, 1845. — Histoire de la procédure civile chez les Romains, traduit de l'allemand, 1841. — Essai sur la vie et les doctrines de Frédéric-Charles de Savigny, 1842. — Locke, législateur de la Caroline, 1850. — Testament de Dasumius, 1845, etc. — Ens. 7 br. in-8.

108. Loi salique, ou Recueil contenant les anciennes rédactions de cette loi et le texte connu sous le nom de *Lex emendata*, avec des notes et des dissertations par J.-M. Pardessus. *Paris, Impr. royale*, 1843, in-4, demi-rel. mar. bleu.

109. Histoire de la réserve héréditaire et de son influence morale et économique, par Gustave Boissonade. *Paris, Guillaumin*, 1873, in-8, br.

110. Les Sources du droit rural cherchées dans l'histoire des communaux et des communes, par A. Bouthors. *Paris et Amiens*, 1865, fort vol. in-8, br.

111. Le Droit en matière de sépulture, précédé d'une étude sur le matérialisme contemporain, les funérailles dans l'antiquité et chez les peuples modernes, par Léon Roux. *Paris*, 1875, in-8, br.

112. Code des loix des Gentoux, ou Règlemens des Brames, traduit de l'anglois. *Paris*, 1778, in-4, v. antiq.

SCIENCES.

I. GÉNÉRALITÉS. — SCIENCES PHILOSOPHIQUES ÉDUCATION. — ÉCONOMIE POLITIQUE.

113. De l'Origine des loix, des arts et des sciences, et de leurs progrès chez les anciens peuples, par Goguet. *Paris*, 1758, 3 vol. in-4, v. antiq. marb.

114. Histoire de l'origine, des progrès et de la décadence des sciences dans la Grèce, traduite de l'allemand de Chris-

tophe Meiners, par J.-Ch. Laveaux. *Paris, an VII*, 5 vol. in-8, demi-rel. v. vert.

115. De l'État des sciences en France depuis la mort de Charlemagne jusqu'à celle du roi Dagobert, par M. l'abbé Goujet. *Paris*, 1737, pet. in-8, demi-rel. v. antiq.

116. Recueil de rapports sur les progrès des lettres et des sciences en France, par MM. Geoffroy, Bertin, Bouchardat, Elie de Beaumont, F. Ravaisson, Milne Edwards, Alfr. Maury, etc. *Paris, Impr. impériale*, 1867. — Ens. 23 vol. gr. in-8, brochés.

117. Recherches scientifiques en Orient, publiées par Albert Gaudry. — Partie agricole. *Paris, Impr. impériale*, 1855, in-4, planches, demi-rel. maroq. vert.

118. Histoire de la philosophie, par le Dr Henri Ritter, traduite de l'allemand par C.-J. Tissot. *Paris, Ladrange*, 1835, 4 vol. in-8, demi-rel. v. viol.

119. Histoire générale de la philosophie depuis les temps les plus anciens jusqu'à la fin du XVIIIe siècle, par V. Cousin. *Paris, Didier*, 1864, in-12, br.

120. Histoire de l'école d'Alexandrie, comparée aux principales écoles contemporaines, par M. Matter. *Paris, L. Hachette*, 1840, 2 tomes en 1 vol. in-8, demi-rel. maroq. brun.

121. Histoire de l'école d'Alexandrie, par M. Jules Simon. *Paris, Joubert*, 1845, 2 vol. in-8, demi-rel. v. fauve gris.

122. Histoire critique de l'école d'Alexandrie, par E. Vacherot. *Paris, Ladrange*, 1846, 3 vol. in-8, demi-rel. v. viol.

123. Histoire de la philosophie moderne depuis la renaissance des lettres jusqu'à Kant, par Jean Gottlieb Buhle, traduite de l'allemand par A.-J.-L. Jourdan. *Paris*, 1816, 6 vol. in-8, demi-rel. v. ant.

124. Damiron (Ph.). — Essai sur l'histoire de la philosophie en France au XVIIe siècle. *Paris, L. Hachette*, 1846, 2 vol. in-8, demi-rel. mar. violet. — Essai sur l'histoire de la philosophie en France au XIXe siècle. *Paris, L. Hachette*, 1834, 2 tomes en 1 vol. in-8, demi-rel. v.

125. Le Livre de la voie et de la vertu, composé dans le VIe siècle avant l'ère chrétienne, par le philosophe Lao-Tseu, traduit en français, et publié avec le texte chinois et un commentaire par Stanislas Julien. *Paris, Impr. royale*, 1842, gr. in-8, demi-rel. maroq. rouge.

126. Histoire des théories et des idées morales dans l'antiquité, par J. Denis. *Paris, Aug. Durand*, 1856, 2 vol. in-8, brochés.

127. Étude sur le Timée de Platon, par Th.-Henri Martin. *Paris, Ladrange*, 1841, 2 vol. in-8, demi-rel. v. violet.

128. Quæstionem cur Plato Aristophanem in convivium induxerit, tentavit Carolus Lenormant. *Parisiis, excudebant Firm. Didot frat.*, 1838, plaq. in-4, demi-rel. v. viol.

129. Commentaire sur le Cratyle de Platon, par Ch. Lenormant. *Athènes*, 1861, in-8, demi-rel. maroq. br.

130. Simon (Jules). — Étude sur la Théodicée de Platon et d'Aristote. *Paris, Joubert*, 1840. — La Religion naturelle. *Paris, L. Hachette*, 1856. — Le Devoir. *Paris, L. Hachette*, 1854. — Ens. 3 vol. in-8, demi-rel. et brochés.

131. Aristoteles græce, ex recensione Immanuelis Bekkeri, edidit Academia regia Borussica. *Berolini*, 1831, 4 vol. in-4, demi-rel. maroq. brun.

132. La Métaphysique d'Aristote, traduite en français, accompagnée d'une introduction, de notes, etc., par Alexis Pierron et Ch. Zevort. *Paris*, 1840, 2 vol. in-8, demi-rel. v. viol.

133. Essai sur la Métaphysique d'Aristote, par Félix Ravaisson. *Paris, Impr. royale*, 1837, 2 vol. demi-rel. v. fauve.

134. Recherches critiques sur l'âge et l'origine des traductions latines d'Aristote, et sur des commentaires grecs ou arabes employés par les docteurs scolastiques, par Amable Jourdain. *Paris, Joubert*, 1843, gr. in-8, demi-rel. maroq. rouge.

135. De la Philosophie scolastique, par B. Hauréau. *Paris, Pagnerre*, 1850, 2 vol. in-8, demi-rel. v. fauve.

136. Les Caractères de Théophraste d'après un manuscrit du Vatican, traduction avec le texte grec, des notes critiques, etc., par Coray. *Paris*, 1799, in-8, portrait, demi-rel. v. antiq.

137. Procli philosophi Platonici Opera inedita, edidit V. Cousin. *Parisiis, Durand*, 1864, in-4, demi-rel. avec coins maroq. bleu ciel, fil.

138. Les Ennéades de Plotin, chef de l'école néoplatonicienne, traduites en français par M. N. Bouillet. *Paris, L. Hachette*, 1857, 3 vol. in-8, demi-rel. v. rose.

139. Hermès Trismégiste, traduction complète, précédée d'une étude sur l'origine des livres hermétiques, par L. Ménard. *Paris, Didier*, 1866, in-8, demi-rel. maroq. br.

140. Apollonius de Tyane. Sa vie, ses voyages, ses prodiges, par Philostrate; et ses lettres, ouvrage traduit du grec par

A. Chassang. *Paris, Didier*, 1862, in-8, demi-rel. maroq. rouge.

141. De la Morale de Plutarque, par Octave Gréard. *Paris, L. Hachette*, 1866, in-8, demi-rel. maroq. viol.

142. Études historiques sur les traités publics chez les Grecs et chez les Romains depuis les temps les plus anciens jusqu'aux premiers siècles de l'ère chrétienne, par E. Egger. *Paris, A. Durand*, 1866, in-8, br.

143. Jordano Bruno, par Christian Bartholomess. *Paris, Ladrange*, 1846, 2 vol. in-8, portrait, demi-rel. v.

144. Guillielmi Gottifredi Leibnitii opusculum adscititio titulo Systema theologicum inscriptum; edente nunc primum ex ipsissimo auctoris autographo D. Petro Paulo Lacroix. *Lutetiæ Parisiorum*, 1845, gr. in-8, demi-rel. maroq. viol.

145. La Philosophie de saint Thomas d'Aquin, par Ch. Jourdain. *Paris, L. Hachette*, 1858, 2 vol. in-8, br.

146. Œuvres complètes d'Estienne de la Boétie, publiées par L. Feugère. *Paris, J. Delalain*, 1846, in-12, demi-rel. v. fauve.

147. Œuvres philosophiques de Descartes, publiées d'après les textes originaux, avec notices, sommaires et éclaircissements, par Adolphe Garnier. *Paris, L. Hachette*, 1835, 4 vol. in-8, demi-rel. v.

148. Précurseurs et disciples de Descartes, par Émile Saisset. *Paris, Didier*, 1862, in-8, demi-rel. maroq. brun.

149. De la Recherche de la vérité, où l'on traite de la nature de l'esprit de l'homme et de l'usage qu'il en doit faire pour éviter l'erreur dans les sciences, par N. Malebranche, prêtre de l'Oratoire de Jésus. *Paris*, 1721, 2 vol. in-4, v. antiq. (*Armoiries.*)

150. Essai philosophique concernant l'entendement humain, où l'on montre quelle est l'étendue de nos connaissances certaines, et la manière dont nous y parvenons, traduit de l'anglois par M. Coste. *Amsterdam, chez Pierre Mortier*, 1729, in-4, v. antiq., portrait.

151. Œuvres philosophiques de Fr. Bacon, publiées par M. N. Bouillet. *Paris, L. Hachette*, 1834, 3 vol. in-8, demi-rel. v.

152. Les Caractères de Théophraste, traduits du grec avec les Caractères ou les Mœurs de ce siècle, par la Bruyère; édition complète, précédée d'une étude sur la Bruyère et son livre, par M. le baron Walckenaer. *Paris, F. Didot fr.*, 1845, in-8, demi-rel. maroq. vert.

153. Les Théories logiques de Condillac, par Louis Robert. *Paris, L. Hachette*, 1869, in-8, br.

154. La Philosophie de David Hume, par Gabr. Compayré. *Paris, Ern. Thorin*, 1872, in-8, br.

155. Œuvres complètes de Thomas Reid, chef de l'école écossaise, publiées par M. Th. Jouffroy, avec des fragments de M. Royer-Collard. *Paris, V. Masson*, 1836, 6 vol. in-8, demi-rel. v. fauve.

156. Cours d'Esthétique, par W.-Fr. Hegel, analysé et traduit en partie par M. Ch. Bénard. *Paris et Nancy*, 1840-1852, 5 vol. in-8, demi-rel. v. viol.

157. Du Prêtre, de la Femme, de la Famille, par J. Michelet. *Paris*, 1845, in-8, demi-rel. v. bleu.

158. Philosophie spiritualiste de la nature, par Th. Henri-Martin. *Paris, Dezobry*, 1849, 2 tomes en 1 vol. in-8, demi-rel. v. vert.

159. Traité des facultés de l'âme, comprenant l'histoire des principales théories psychologiques, par Ad. Garnier. *Paris, L. Hachette*, 1852, 3 vol. in-8, demi-rel. v.

160. Essais de morale et de critique, par Ern. Renan. *Paris, Michel Lévy fr.*, 1860, in-8, demi-rel. maroq. brun.

160 *bis*. Essai sur les fondements de nos connaissances et sur les caractères de la critique philosophique, par A. Cournot. *Paris, L. Hachette*, 1851, 2 vol. in-8, demi-rel. v. f.

161. Essai de philosophie religieuse, par Emile Saisset. *Paris, Charpentier*, 1859, gr. in-8, demi-rel. v. fauve.

162. Mélanges de philosophie juive et arabe, par S. Munck. *Paris, Franck*, 1859, in-8, demi-rel. v. fauve.

163. La Science du beau étudiée dans ses principes, dans ses applications et dans son histoire, par Charles Lévêque. *Paris, Aug. Durand*, 1861, 2 vol. in-8, demi-rel. maroq. vert.

164. Waddington (Ch.). — Dieu et la conscience. *Paris, Didier*, 1870. — Ramus (Pierre de la Ramée), sa vie, ses écrits et ses opinions. *Paris*, 1855, in-8, demi-rel. maroq. — De l'Ame humaine (étude de psychologie). *Paris, Ladrange*, 1862, in-8, demi-rel. maroq. brun.

165. Le Spiritualisme dans l'art, par Ch. Lévêque. *Paris, Germer-Baillière*, 1864, in-12, br.

166. La Liberté dans l'ordre intellectuel et moral, étude de droit naturel, par Emile Beaussire. *Paris, A. Durand*, 1866, in-8, demi-rel. maroq. viol.

167. Les Théoriciens au pouvoir, par D. Delorme. *Paris, H. Plon*, 1870, in-8, br.

168. La Science du beau, ses principes, ses applications et son histoire, par Ch. Lévêque. *Paris, A. Durand et Pedone-Lauriel*, 1872, 2 vol. in-8, br.

169. Maine de Biran. — Essai sur sa philosophie, par Jules Gérard. *Paris, Germer-Baillière*, 1876, gr. in-8, br.

170. Histoire de l'Université de Paris au XVIIe et au XVIIIe siècle, par Ch. Jourdain. *Paris, L. Hachette*, 1862. — Index chronologicus, 1862, 2 vol. in-fol. br. en 7 livr.

171. Annuaire de l'Association pour l'encouragement des études grecques en France, années 1869 à 1875. — Ens. 7 vol. in-8, br.

172. Le Budget de l'instruction publique et des établissements scientifiques et littéraires depuis la fondation de l'Université impériale jusqu'à nos jours, par Ch. Jourdain. *Paris, L. Hachette*, 1857, in-8, br.

173. Geschichte der Wiener Universität im ersten Jahrhunderte ihres Bestehens, Zeitschrift zu ihrer fünfhundertjäh-Grigen rüudungsfeier von Joseph Aschbach. *Wien*, 1865, gr. in-8, br.

174. Lettres et souvenirs d'enseignement d'Eugène Gandar, publiés par sa famille, et précédés d'une étude biographique et littéraire par Sainte-Beuve. *Paris, Didier*, 1869, 2 vol. in-8, br.

175. Un Compte de la nation d'Allemagne de l'université de Paris au XVe siècle, par Ch. Jourdain. *Paris*, 1875, br. in-8 de 32 pages.

176. Mémoire sur les commencements de l'économie politique dans les écoles du moyen âge, par M. Ch. Jourdain. *Paris, Imprimerie nationale*, 1874, br. in-4 de 51 pages.

177. Histoire de l'enseignement secondaire en France au XVIIe siècle, par H. Lantoine. *Paris, Ern. Thorin*, 1874, gr. in-8, br.

178. Conseils de Nabi Efendi à son fils Aboul Kair, publiés en turc, avec la traduction française et des notes par M. Pavet de Courteille. *Paris, Impr. impériale*, 1857, gr. in-8, broché.

179. De la Politique et du commerce des peuples de l'antiquité, par A.-H.-L. Heeren, traduit de l'allemand sur la quatrième et dernière édition, enrichie de cartes, de plans et de notes inédites de l'auteur, par W. Suckau. *Paris, Firmin-Didot fr.*, 1830-1834, 6 vol. in-8, cart. n. rog.

180. Tableau du commerce antérieurement à la découverte de l'Amérique, servant d'introduction à la collection des lois maritimes, par J.-M. Pardessus. *Paris, Impr. royale*, 1834, in-4, demi-rel. maroq. rouge.

181. Histoire des classes ouvrières en France depuis la conquête de Jules César jusqu'à la Révolution, par M. E. Levasseur. *Paris, Guillaumin*, 1859, 2 vol. in-8, br.

182. L'Or et l'Argent, par Wolowski. *Paris, Guillaumin*, 1870, in-8, br.

II. SCIENCES PHYSIQUES ET MATHÉMATIQUES.

183. Kosmos. von Alex, von Humboldt. *Stuttgart und Tubingen*, 1845-1850, 3 vol. in-8, demi-rel. maroq. vert.

184. Cosmos. — Essai d'une description physique du monde, par Alex. de Humboldt, traduit par H. Faye. *Paris, Gide*, 1846, et *Baudry*, 1851, 4 vol. in-8. demi-rel. maroq. vert foncé.

Le tome IV est broché et en deux parties.

185. Dr Heinrich Berghaus. — Physikalischer Atlas. Eine, unter der fördernden Anregung Alexander's von Humboldt verfasste Sammlung von 93 Karten. *Verlag von Justus Perthes in Gotha*, 1852, 2 vol. in-fol., demi-rel. avec coins cuir de Russie, fil. noirs tr. marbr.

186. Description minéralogique et géologique des régions granitique et arénacée du système des Vosges, par H. Hogard. *Epinal*, 1837, in-8, demi-rel. v. vert et atlas in-fol. en ff.

187. Géologie pratique de la Louisiane, par R. Thomassy. *Paris*, 1860, in-4, cart. (6 planches).

188. Matériaux pour servir à l'histoire comparée des sciences mathématiques chez les Grecs et les Orientaux, par M. L.-Am. Sédillot. *Paris, Firm. Didot fr.*, 1845, in-8, demi-rel. v. viol.

189. Recherches sur la vie et les ouvrages d'Héron d'Alexandrie, disciple de Ctésibius, et sur tous les ouvrages mathématiques grecs conservés ou perdus, publiés ou inédits, qui ont été attribués à un auteur nommé Héron, par M. Th.-Henri Martin. *Paris, Impr. impériale*, 1854, in-4, br.

190. Theonis Smyrnæi Platonici liber de Astronomia, edidit Th.-H. Martin. *Parisiis, e Reipublicæ Typographeo*, 1849, in-8, demi-rel. maroq. viol.

191. Recherches sur l'année vague des Égyptiens, par M. Biot. *S. l.* (1831), in-4, br., planches.

192. Mémoire sur le système métrique des anciens Égyptiens, contenant des recherches sur leurs connaissances géométriques et sur les mesures des autres peuples de l'antiquité, par M. E. Jomard. *Paris, Impr. royale*, 1817, in-fol. br.

193. Prolégomènes des Tables astronomiques d'Oloug-Beg, publiés avec notes et variantes par M. A. Sédillot. *Paris, Firm. Didot fr.*, 1847, gr. in-8, demi-rel. maroq. vert.

194. Prolégomènes des Tables astronomiques d'Oloug-Beg, traduction et commentaire par M. Sédillot. *Paris, Firm. Didot fr.*, 1853, gr. in-8, demi-rel. maroq. noir.

195. Les Prolégomènes d'Ibn Khaldoun, traduits en français et commentés par M. de Slane. *Paris, Imprimerie impériale*, 1863, in-4, br.

196. Nouvelles Recherches sur le calendrier des anciens Égyptiens, sa nature, son histoire et son origine, par feu M. Letronne. *Paris, Impr. impériale*, 1860, in-4, br.

197. Mémoire sur cette question : La précession des équinoxes a-t-elle été connue des Egyptiens ou de quelque autre peuple avant Hipparque? par Th.-Henri Martin. *Paris, Impr. impériale*, 1869, in-4, br.

198. Résumé de chronologie astronomique, par M. Biot, *Paris, Firm. Didot fr.*, 1849, in-4, cart.

199. Biot. — Étude sur l'astronomie indienne. — Mémoires sur divers points d'astronomie ancienne. — Détermination de l'équinoxe vernal de 1853, effectuée en Egypte. — Mémoire sur le zodiaque circulaire de Denderah. — Précis de l'histoire de l'astronomie planétaire. — Mémoire sur la constitution politique de la Chine au XIIe siècle avant notre ère. — Observations météorologiques. — Ens. 7 br. in-4.

200. Histoire des sciences mathématiques en Italie depuis la renaissance des lettres jusqu'à la fin du XVIIe siècle, par Guillaume Libri. *Paris, J. Renouard*, 1838, 4 vol. in-8, demi-rel. v. fauve.

201. Défense de Bl. Pascal et accessoirement de Newton, Galilée, Montesquieu, etc., contre les faux documents présentés par M. Chasles à l'Académie des sciences, par M. P. Faugère. *Paris, L. Hachette*, 1868, in-8, br.

202. La Magie et l'Astrologie dans l'antiquité et au moyen âge, par Alfred Maury. *Paris, Didier*, 1860, in-8, demi-rel. maroq. noir.

203. Recueil de plusieurs machines militaires et feux artificiels pour la guerre et récréation, recueillies et mises en lu-

mière par la diligence et frais de François Thybourel, maistre chirurgien, et Jean Appier, dit Hanzelet, chalcographe de Pont-à-Mousson. — Méthode pour escrire occultement à son ami par l'alphabet de Trithemius. *Pont-à-Mousson*, 1620, pet. in-4, parch. fig. sur bois.

204. Maury (L.-F.-Alfr.). — Croyances et légendes de l'antiquité, — Le Sommeil et les Rêves. *Paris, Didier*, 1861-1863; ens. 2 vol. in-8, demi-rel. maroq. vert.

205. La Médecine, histoire et doctrine, par Ch. Daremberg. *Paris, Didier*, 1865, in-8, br.

206. Traditions tératologiques, ou Récits de l'antiquité et du moyen âge en Occident, sur quelques points de la fable du merveilleux et de l'histoire naturelle, publiés par J. Berger de Xivrey. *Paris, Imprim. royale*, 1836, in-8, demi-rel. v. fauve.

207. Tableaux de la nature, édition avec changements et additions importantes, accompagnée de cartes, par A. de Humboldt, traduite par Ch. Galusky. *Paris, Gide et Baudry*, 1851, 2 vol. in-12, demi-rel. v. rose.

208. Depping (G.-B.). — Merveilles et Beautés de la nature en France. *Paris, Didier*, 1845, in-8, dem.-rel. maroq. vert, dos à comp.

209. Yô-San-sin-sets. — Traité de l'éducation des vers à soie au Japon, par Sira Karva de Sendaï (Osyou), traduit du japonais par Léon de Rosny. *Paris, Impr. impériale*, 1868, gr. in-8, br.

BEAUX-ARTS.

---

210. Dictionnaire de l'Académie des beaux-arts. *Paris, Firmin Didot fr.*, 1858, 3 vol. en 11 livraisons, in-4, br.

211. Catalogue méthodique de la Bibliothèque de l'École des beaux-arts, par Ern. Vinet. *Paris*, 1873, gr. in-8, br.

212. A travers les arts, causeries et mélanges, par Ch. Garnier. *Paris, L. Hachette*, 1869, in-12, br.

213. Histoire de l'art chez les anciens, par Winckelmann, traduit de l'allemand avec des notes historiques et cri-

tiques de différents auteurs. *Paris*, *Bossange*, 1802-1803, 2 tomes en 3 vol. in-4, front. et planches gravées cart. non rog.

214. Histoire de l'art grec avant Périclès, par M. Beulé. *Paris*, *Didier*, 1868, in-8, br.

215. Ueber die Epochen der bildenden Kunst unter den Griechen, von Friedrich Thiersch. *München*, 1829, in-8, demi-rel. v. f.

216. Catalogue des artistes de l'antiquité jusqu'à la fin du VIe siècle de notre ère, par M. le comte de Clarac. *Paris*, *Vinchon*, 1844, in-12, demi-rel. v. vert.

217. Lettres d'un antiquaire à un artiste sur l'emploi de la peinture historique murale dans la décoration des temples et des autres édifices publics ou particuliers chez les Grecs et les Romains, par M. Letronne. *Paris*, 1836, in-8, br.

218. Recherches sur la peinture en émail dans l'antiquité et au moyen âge, par J. Labarte. *Paris*, *V. Didron*, 1856, in-4, br. (planches or et en couleurs).

219. Essai sur les fresques de Raphaël au Vatican, par F.-A. Gruyer. — Chambres. — Loges. *Paris*, *Veuve Jules Renouard*, 1859, 2 vol. gr. in-8, br.

220. Raphaël et l'antiquité, par F.-A. Gruyer. *Paris*, *veuve J. Renouard*, 1864, 2 vol. in-8. br.

221. Correspondance de François Gérard, peintre d'histoire, avec les artistes et les personnages célèbres de son temps, publiée par M. H. Gérard, son neveu. *Paris*, 1867, gr. in-8, portrait, demi-rel. maroq. rouge.

222. Essai sur la peinture de genre dans l'antiquité, par M. Emile Gebhart. *Paris*, *Impr. impériale*, 1868, br. in-8 de 63 pages.

223. Études sur Jean Cousin, suivie de notices sur Jean Leclerc et Pierre Woeiriot, par Ambr. Firmin-Didot. *Paris*, 1873. gr. in-8, br.

224. Essai typographique et bibliographique sur l'histoire de la gravure sur bois, par Ambr.-Firm. Didot, servant d'introduction aux Costumes anciens et modernes de César Vecellio. *Paris*, 1863, in-8, br.

225. HISTOIRE de la gravure en manière noire, par Léon de Laborde. *Paris*, *Techener*, 1839, in-4, br. gravures et fac simile.

226. Notice des émaux, bijoux et objets divers exposés dans les galeries du musée du Louvre, par M. de Laborde. *Paris*, 1853. 2 vol. in-8, br. (*papier de Hollande*).

227. L'Architecture au siècle de Pisistrate, par E. Beulé. *Paris*, 1860, gr. in-8, demi-rel. maroq. brun et atlas in-4 de 7 planches.

228. Histoire et description de Notre-Dame de Reims, par Ch. Cerf, chanoine honoraire. *Reims*, 1861, 2 vol. in-8. br.

229. Charpente de la cathédrale de Messine, dessinée par M. Morey, gravée et lithographiée par M. H. Roux aîné. *Paris, Firmin-Didot fr.*, 1842, texte et 8 planches en couleurs, in-fol. en ff.

230 Les Eglises de la Terre sainte, par le comte Melchior de Vogüé. *Paris, Victor Didron*, 1860, in-4, carte col. et figures dans le texte et planches, demi-rel. avec coins maroq. viol. fil.

231. Le Temple de Jérusalem, monographie du Haram-Ech-Cherif, suivie d'un essai sur la topographie de la ville sainte, par le comte Melchior de Vogüé. *Paris, Noblet et Baudry*, 1864, texte et planches in-folio dans un carton (37 planches).

232. Musée Napoléon III, choix de monuments antiques pour servir à l'histoire de l'art en Orient et en Occident, texte explicatif par Adrien de Longpérier. *Paris, imprimerie de J. Claye, Gide et L. Guérin, édit.*, planches grav. sur acier et lithochromies, 24 livr. in-4, en ff.

233. Les Musiciens célèbres depuis le XVIe siècle jusqu'à nos jours, par Félix Clément, ouvrage illustré des portraits gravés à l'eau-forte. *Paris, L. Hachette*, 1868, fort vol. gr. in-8, br.

234. Adolphe Nourrit, sa vie, son talent, son caractère, sa correspondance, par L. Quicherat. *Paris, L. Hachette*, 1867, 3 vol. in-8, demi-rel. maroq. vert fleurons.

235. HISTOIRE DES ARTS INDUSTRIELS au moyen âge et à l'époque de la renaissance par Jules Labarte. *Paris, Veuve A. Morel*, 1872, 3 vol. en fascicule, in-4, br. planches en couleurs or et argent.

Deuxième édition.

236. Les Trois Livres de l'art du potier, du cavalier Cyprian Piccol Passi, Durantoys, translatés de l'italien en langue françoise, par maître Claudius Popelin, Parisien. *Paris, librairie internationale*, 1861, in-fol. br. 37 planches.

BELLES-LETTRES.

I. LINGUISTIQUE.

237. Dictionnaire grec-français, par C. Alexandre. *Paris, L. Hachette*, 1848, fort vol. gr. in-8, texte à 3 col. demi-rel. maroq vert.

238. Budæi Commentarii linguæ græcæ. *S. l.*, 1529, in-fol. réglé, v. rac. tr. marbr.

239. John-Gottlob Schneider. — Griechisch-deutsches Wörterbuch. *Leipzig*, 1819, 2 vol. in-4, demi-rel. v. fauv. tr. marbr.

240. M. Terentii Varronis de lingua latina libr. quæ supersunt emendata et annotata a Carolo Odofredo Muellero. *Veneunt Lipsiæ, s. d.*, in-8, demi-rel. maroq. brun.

241. Dictionnaire français-latin, par L. Quicherat. *Paris, L. Hachette*, 1858, fort vol. in-8, texte à trois col. demi-rel. maroq. vert.

242. Dictionnaire latin-français, par M. Quicherat et A. Daveluy. *Paris, L. Hachette*, 1844, gr. in-8, demi-rel. v.

243. J.-J.-G. Schellers. — Lateinisch-Deutsches lexicon. *Leipzig*, 1804, 5 forts vol. in-8, demi-rel. v.

244. Dictionnaire prosodique et poétique de la langue latine, par L. Quicherat. *Paris, L. Hachette*, 1836, pet. in-4, demi-rel. v.

245. Extraits de divers manuscrits latins pour servir à l'histoire des doctrines grammaticales au moyen âge, par Ch. Thurot. *Paris, Imprimerie impériale*, 1869, in-4, br.

246. Le Panlatinisme, confédération gallo-latine et celto-gauloise, contre le testament de Pierre le Grand et contre le panslavisme. *Paris, Passard*, 1860, in-8. br.

247. Essai philosophique sur la formation de la langue française, par M. Edelestand du Méril. *Paris, Franck*, 1852, in-8, demi-rel. v. viol.

248. Origine et formation de la langue française, par A. de Chevallet. *Paris, J.-B. Dumoulin*, 1858, 2 tomes en 3 vol. gr. in-8, demi-rel. maroq. brun.

249. Conformité du langage françois avec le grec, par Henri Estienne, nouvelle édition accompagnée de notes, publiée par Léon Feugère. *Paris, J. Delalain*, 1853, in-12, demi-rel v. viol.

250. Dictionnaire historique de la langue française, publié par l'Académie française. *Paris, Firmin Didot fr.*, 1865, t. Ier en 2 parties, in-4, br.

251. Grammaire comparée des langues de la France, par Louis de Bæcker. *Paris, Ch. Blériot*, 1860, gr. in-8, br.

252. Grammaire romane, ou Grammaire de la langue des troubadours, par M. Raynouard. *Paris, Firmin Didot*, 1816, in-8. cart. n. rogn.

253. Des Variations du langage français depuis le XIIe siècle, par F. Génin. *Paris, Firmin Didot fr.*, 1845, in-8, demi-rel., mar. vert.

254. Parémiologie musicale de la langue française, par Georges Kastner. *Paris, s. d.*, in-4, cart. perc. vert.

255. Ethnogénie gauloise, par Roger, baron de Belloguet. — Glossaire gaulois, types gaulois et celto-bretons, le génie gaulois. *Paris*, 1858-1868, 3 vol. in-8, br.

256. Ethnogénie gauloise, par Roger, baron de Belloguet, glossaire gaulois avec deux tableaux généraux de la langue gauloise. *Paris, Maisonneuve*, 1872, in-8, br.

257. Curiosités de l'étymologie française, avec l'explication de quelques proverbes et dictons populaires, par Ch. Nisard. *Paris, L. Hachette*, 1863, in-12 br.

258. Nouveau Dictionnaire de la langue française, par Louis Dochez, précédé d'une introduction par M. Paulin Paris. *Paris, Ch. Fouraut*, 1860, fort vol. in-4, br. texte à trois col.

259. Dictionnaire raisonné des difficultés grammaticales et littéraires de la langue française, par J.-Ch. Laveaux. *Paris, Ledentu*, 1846, pet. in-4, demi-rel. v. viol.

260. Observations sur l'orthographe, ou ortographie française, suivies d'une histoire de la réforme orthographique depuis le XVe siècle jusqu'à nos jours, par Ambr. Firmin-Didot. *Paris*, 1868, gr. in-8, br.

261. Glossaire du centre de la France, par M. le comte Jaubert. *Paris, Chaix, s. d.*, 3 vol. gr. in-8, demi-rel. maroq. vert, fleurons, le dernier broché.

262. Glossaire nautique, répertoire polyglotte des termes de marine anciens et modernes, par A. Jal. *Paris, Firmin-Didot fr.*, 1848, fort vol. in-4, demi-rel. maroq. vert.

263. Dictionnaire des synonymes de la langue française, par M. la Faye. *Paris, L. Hachette*, 1858, et Supplément, 1865, 2 vol. gr. in-8, demi-rel. maroq. vert.

264. Essai historique et philosophique sur les noms d'hommes, de peuples et de lieux, par Eusèbe Salverte. *Paris, Bossange*, 1824, 2 vol. in-8, demi-rel. v. bleu.

265. La Particule nobiliaire, (par M. Louis Vian). *Paris*, 1868, br. in-8 de 78 pages.

266. Dictionnaire gascon-français, dialecte du département du Gers, suivi d'un abrégé de grammaire gasconne, par par Cénac-Moncaut. *Paris*, 1863, in-8, br.

267. Histoire de la langue et de la littérature des Slaves, Russes, Serbes, Bohêmes, Polonais et Lettons, considérées dans leur origine indienne, leurs anciens monuments et leur état présent, par F.-G. Eichhoff. *Paris, A. Cherbuliez*, 1839, gr. in-8, demi-rel. v. fauve.

268. Grammaire paléoslave, suivie de textes paléoslaves, par Alex. Chodzko. *Paris, Impr. impériale*, 1869, gr. in-8, br.

269. Histoire générale et système comparé des langues sémitiques, par Ernest Renan. *Paris, Imprimerie impériale*, 1855, gr. in-8, demi-rel. maroq. viol.

270. La Langue primitive de la Chaldée et les idiomes touraniens, étude de philologie et d'histoire, suivie d'un glossaire accadien, par Fr. Lenormant. *Paris, Maisonneuve*, 1875, in-4, br.

271. Essai sur la propagation de l'alphabet phénicien dans l'ancien monde, par Fr. Lenormant. *Paris, Maisonneuve*, 1872-73, 3 vol. gr. in-8, br.

Tome Ier, deux parties, et tome II, première partie.

272. Grammaire comparée des langues indo-européennes, par M. Fr. Bopp, traduite par M. Michel Bréal. *Paris, Imprimerie impériale*, 1868-1872, tomes II à V. — Ens. 4 vol. gr. in-8, br. (Le tome IIe en demi-rel. maroq. noir.)

Manque le tome Ier.

273. Parallèle des langues de l'Europe et de l'Inde, ou Étude des principales langues romanes, germaniques, slavonnes et celtiques comparées entre elles et à la langue sanscrite, avec un essai de transcription générale, par F.-G. Eichhoff. *Paris, Impr. royale*, 1836, in-4, demi-rel. v. rose.

274. Exposé des éléments de la grammaire assyrienne, par M. Joachim Ménant. *Paris, Imprimerie impériale*, 1868, in-4, demi-rel. maroq. vert.

275. Lenormant (Fr.). — Lettres assyriologiques sur l'histoire et les antiquités de l'Asie antérieure. *Paris*, 1871 (tome premier). — Choix de textes cunéiformes inédits ou incomplétement publiés jusqu'à ce jour. *Paris*, 1873 (premier fascicule). — Exposé des éléments de la grammaire assyrienne (manque le titre). — Leçons d'épigraphie assyrienne. *Paris*, 1873. — Ens. 4 vol. in-4, br.

276. Le Syllabaire assyrien, exposé des éléments du système phonétique de l'écriture anarienne, par M. Joachim Ménant. *Paris, Impr. nationale*, 1873, 3 vol. in-4, br.

277. Études sur la langue et sur les textes zends, par E. Burnouf (tome premier). *Paris, Impr. nationale*, 1840-50, in-8, demi-rel., v. bleu.

278. Grammaire de la langue tibétaine, par Ph.-Ed. Foucaux. *Paris, Imprim. impériale*, 1858, in-8, br.

279. Étude sur l'idiome des Védas et les origines de la langue sanscrite, par Ad. Regnier. *Paris, Lahure*, 1855, in-4, demi-rel. maroq. brun.

280. Méthode pour déchiffrer et transcrire les noms sanscrits qui se rencontrent dans les livres chinois, inventée et démontrée par M. Stanislas Julien. *Paris, Impr. impériale*, 1861, gr. in-8, demi-rel. maroq. rouge.

281. Essai sur le pali ou langue sacrée de la presqu'île au-delà du Gange, par E. Burnouf et Chr. Lassen. *Paris*, 1826, gr. in-8, demi-rel. v. fauve.

282. De l'Affinité des langues celtiques avec le sanscrit, par Adolphe Pictet. *Paris, Benj. Duprat*, 1827, gr. in-8, demi-rel. v. fauve.

283. Dialogues cochinchinois, expliqués littéralement en français, en anglais et en latin, suivis d'une étude philologique du texte, par Abel Desmichiels. *Paris, Maisonneuve*, 1871, gr. in-8, br.

284. Johannis Pierii Valeriani Hieroglyphica, seu de sacris Ægyptiorum aliarumque gentium literis commentarii. *Lugduni*, 1610, in-fol. bas. fleurdelisée. (*Aux armes de Louis XIII.*)

285. Champollion le jeune. — Lettre à M. Dacier, relative à l'alphabet des hiéroglyphes phonétiques employés par les Egyptiens pour inscrire sur les monuments les titres, les noms et les surnoms des souverains grecs et romains. *Paris, Firmin Didot*, 1822. — Précis du système hiéroglyphique des anciens Egyptiens, ou recherches sur les éléments premiers de cette écriture sacrée... *Paris, Imprim.*

royale, 1824 (texte et planches). Ens. 2 ouvr. réun. en 1 volume in-8, demi-rel. viol.

286. Du Genre épistolaire chez les anciens Égyptiens, par G. Maspéro. *Paris*, *A. Franck*, 1872, in-8, br.

287. Une Enquête judiciaire à Thèbes au temps de la xxe dynastie. — Étude sur le papyrus Abbott, par G. Maspéro. *Paris*, *Imprim. nationale*, 1872, in-4, br.

288. Hymne au Nil, publié et traduit d'après les deux textes du Musée Britannique, par G. Maspéro. *Paris*, *Franck*, 1868, br. in-4 de 31 pages autographiées.

289. Grammaire et dictionnaire abrégés de la langue berbère, composés par feu Venture de Paradis, revus par M. Amédée Jaubert, et publiés par la Société de géographie. *Paris*, *Imprim. royale*, 1844, in-4, br.

290. Dictionnaire de la langue de Madagascar, avec un petit recueil des noms et dictons propres des choses qui sont d'une même espèce, plus quelques mots du langage des sauvages de la baye de Saldagne au cap de Bonne-Espérance, par le sieur de Flacourt, commandant pour Sa Majesté en l'isle de Madagascar. — Petit Catéchisme, avec les prières du matin et du soir, que les missionnaires font et enseignent aux néophytes et catéchumènes de l'isle de Madagascar. *A Paris*, *chez Georges Josse*, rue Saint-Jacques, 1658, 2 parties en 1 vol. in-8, parch.

Bel exemplaire.

291. Mémoire sur le système grammatical des langues de quelques nations indiennes de l'Amérique du Nord, par M. P.-Et. du Ponceau. *Paris*, 1838, in-8, demi-rel. v. bleu.

292. Grammaire de la langue quichée espagnole-française, ouvrage accompagné de notes philologiques avec un vocabulaire, par l'abbé Brasseur de Bourbourg. *Paris*, *Arthus Bertrand*, 1862, gr. in-8. demi-rel. mar. vert.

II. HISTOIRE LITTÉRAIRE. — PALÉOGRAPHIE.

293. Geschichte der Litteratur der Griechen und Römer von G.-Chr.-Fried. Mohnike. *Greifswald*, 1813, in-8, demi-rel. maroq. brun.

294. Ficker (Franz). Literaturgeschichte der Griechen und Römer. *Wien*, 1835. — Æsthetik oder Lehre vom Schönen und der Kunst. *Wien*, 1830. Ens. 2 vol. in-8, demi-rel. v. viol.

295. Karl Otfried Müller. — Geschichte der griechischen Literatur bis auf das Zeitalter Alexanders. *Breslau*, 1841, 2 vol. in-8, demi-rel. v. fauve.

296. Histoire de la littérature grecque profane, par M. Schœll. *Paris, Gide fils*, 1823, 8 vol. in-8, demi-rel. v. antiq.

297. Études sur la littérature grecque moderne, imitations en grec de nos romans de chevalerie, depuis le XIIe siècle, par Ch. Gidel, *Paris*, *Imprim. impériale*, 1866, gr. in-8, demi-rel. maroq. vert.

298. Histoire abrégée de la littérature romaine, par F. Schœll. *Paris, Gide fils*, 1815, 4 vol. in-8, demi-rel. v.

299. Du Progrès de l'idée chrétienne dans la littérature, par Jules Sallony. *Paris, Ambr. Bray et E. Dentu*, 1864, in-8, br.

300. Histoire de la littérature française au moyen âge comparée aux littératures étrangères, par J.-J. Ampère. — Formation de la langue française. *Paris*, *Just. Teissier*, 1841, in-8, demi-rel. v. f.

301. Histoire littéraire de la France avant le XIIe siècle, par J.-J. Ampère. *Paris, L. Hachette*, 1839, 3 vol. in-8, demi-rel. v. fauve.

302. Histoire littéraire de la France au XIVe siècle. — Discours sur l'état des lettres, par Victor Le Clerc. — Discours sur l'état des beaux-arts, par E. Renan. *Paris*, *Mich. Lévy fr.*, 1865, 2 vol. in-8, demi-rel. v. fauve.

303. Tableau de la littérature française au XVIIe siècle avant Corneille et Descartes, par J. Demogeot. *Paris*, *L. Hachette*, 1859, in-8, demi-rel. maroq. viol.

304. Histoire de la querelle des anciens et des modernes, par Hipp. Rigault. *Paris*, *L. Hachette*, 1856, in-8, br.

305. Dacier. — Tableau historique de l'érudition française, ou Rapport sur les progrès de l'histoire et de la littérature ancienne depuis 1789, précédé d'une Notice sur l'auteur, par Silvestre de Sacy. *Paris*, *E. Ducrocq*, *s. d.*, in-8, br., portrait sur chine.

306. Essais de théories et d'histoire littéraire, par M. Edm. Arnould. *Paris, A. Durand*, 1858, in-8, demi-rel. maroq. vert.

307. Études sur quelques points d'archéologie et d'histoire littéraire, par M. Edelestand du Méril. *Paris et Leipzig*, 1862, in-8, demi-rel. v. rose.

308. Histoire littéraire du Maine, par B. Hauréau. *Paris*, *Dumoulin*, 1870-1872, 7 vol. in-12, br.

309. Les Académies d'autrefois. — L'ancienne Académie des inscriptions et belles-lettres et l'ancienne Académie des sciences, par L.-Alfred Maury. *Paris, Didier*, 1864, 2 vol. in-8, br.

310. Histoire philosophique de l'Académie de Prusse, depuis Leibniz jusqu'à Schelling, particulièrement sous Frédéric le Grand, par Christian Bartholmess. *Paris, Ladrange*, 1850, 2 vol. in-8, demi-rel. v. fauve.

311. Les Gladiateurs de la république des lettres aux XVe, XVIe et XVIIe siècles, par Ch. Nisard. *Paris, Mich. Lévy fr.*, 1860, 2 vol. in-8, br.

312. Histoire critique de la littérature anglaise, depuis le règne d'Elisabeth jusqu'au commencement du XIXe siècle, par M. L. Mézières. *Paris, Allouard*, 1841, 3 vol. in-8, demi-rel. v. viol.

313. Histoire de la littérature allemande, par G.-A. Heinrich. *Paris, A. Franck*, 1869, 2 vol. in-8, br.

314. Documents inédits pour servir à l'histoire littéraire de l'Italie, depuis le VIIIe siècle jusqu'au XIIIe, avec des recherches sur le moyen âge italien, par A.-F. Ozanam. *Paris, J. Lecoffre*, 1850, in-8, demi-rel. v. viol.

315. Herder et la renaissance littéraire en Allemagne au XVIIIe siècle, par Ch. Joret. *Paris, L. Hachette*, 1875, grand in-8, br.

316. A History of ancient sanskrit literature so far as it illustrates the primitive religion of the Brahmans, by Max Müller. *Williams and Norgate*, 1859, in-8, cart. angl.

317. Éléments de paléographie, par M. Natalis de Wailly. *Paris, Impr. royale*, 1838, 2 vol. gr. in-4, demi-rel. v. f. tr. marbr.

Bel exemplaire.

318. Chartes et manuscrits sur papyrus de la Bibliothèque royale, collection de fac-simile accompagnés de notices historiques et paléographiques, et publiés pour l'École des chartes, par M. Champollion-Figeac. *Paris, Firm. Didot fr.*, 1840, in-fol., br.

III. RHÉTEURS. — ORATEURS.

319. Nonii Marcelli peripatetici tubursinensis de compendiosa doctrina ad filium. Edidit Lud. Quicherat. *Parisiis, apud Hachette bibliopolam*, 1872, gr. in-8, br.

320. Philodemi Rhetorica, restituit, latine vertit E. Gros. *Parisiis, excudebant Firm. Didot fratr.*, 1840, gr. in-8, demi-rel. mar. viol.

321. Lectures on the science of language, by Max Müller, second series. *London*, 1864-1866, 2 vol. in-8, cart.

322. Essai philosophique sur le principe et les formes de la versification, par M. E. Edelestand du Méril. *Paris*, 1841, in-8, demi-rel. v. viol.

323. Essai sur l'histoire de la critique chez les Grecs, suivi de la Poétique d'Aristote et d'extraits de ses Problèmes, avec traduction française et commentaire, par M. E. Egger. *Paris*, *Durand*, 1850, in-8, demi-rel. v. antiq.

324. De l'Oraison funèbre dans la Grèce païenne, par H. Caffiaux. *Valenciennes*, 1860, in-8, br.

325. Les Catilinaires et le Dialogue sur les orateurs illustres de Cicéron, traduction nouvelle avec des notes, par J.-L. Burnouf. *Paris, Brédif*, 1826, in-8, demi-rel. v. fauve.

326. Latini sermonis vetustioris reliquiæ selectæ, recueil publié par A.-E. Egger. *Paris*, *L. Hachette*, 1843, in-8, demi-rel. v. viol.

327. La Chaire française au moyen âge, spécialement au XIIIe siècle, d'après les manuscrits contemporains, par A. Lecoy de la Marche. *Paris*, *Didier*, 1868, demi-rel. mar. noir.

328. De la Prédication sous Henri IV, par l'abbé Adrien Lezat. *Paris, Didier*, *s. d.*, in-8, br.

IV. POÉSIE.

330. Poetarum græcorum Sylloge, edidit Boissonade. *Parisiis*, *apud Lefèvre bibliopolam*, 1823, 20 vol. in-16, demi-rel. v. rose.

Gnomici Græci. — Hesiodus. — Lyrici græci. — Æschylus, 2 vol. — Homerus, 4 vol. — Sophocles, 2 vol. — Aristophanes, 4 vol. — Euripides, 1 volume.

331. Epigrammatum Anthologia palatina, cum annotatione inedita Boissonadii, Chardonis de la Rochette, Bothii. *Parisiis, editore Ambrosio Firmin-Didot*, 1864, in-4, demi-rel. maroq. brun.

332. P. Virgilius Maro varietate lectionis et perpetua adnotatione illustratus a Chr. Gottl. Heyne. *Lipsiæ*, 1803, 4 vol. in-8, demi-rel. v. antiq.

333. Œuvres de Virgile, texte latin publié avec un commentaire critique et explicatif, une introduction et une notice, par E. Benoît. *Paris, L. Hachette*, 1869-1876, 3 vol. grand in-8, br.

334. Virgile et Constantin le Grand, par J.-P. Rossignol. *Paris*, 1845, in-8, demi-rel. v.

335. Œuvres d'Horace, traduction nouvelle avec le texte en regard, par M. Patin. *Paris, Charpentier*, 1860, 2 vol. in-12, demi-rel. maroq. rouge.

336. Lucrèce. De la Nature des choses, traduit en vers français par M. J.-B.-S. de Pongerville, texte en regard. *Paris*, 1823, 2 vol. in-8, demi-rel. v. rose.

337. Études sur la poésie latine, par M. Patin. *Paris, L. Hachette*, 1869, 2 vol. in-12, br.

338. Poésies populaires latines antérieures au XIIe siècle, par Edelestand du Méril. *Paris*, 1843, in-8, demi-rel. v. fauve.

339. Poésies populaires latines du moyen âge, par Edelestand du Méril. *Paris, Firm.-Didot fr.*, 1847, in-8, demi-rel. v. viol.

340. Poésies inédites du moyen âge, précédées d'une Histoire de la fable ésopique, par M. Edelestand du Méril. *Paris, Franck*, 1854, in-8, demi-rel. v. bleu.

341. Juvénal et ses satires, études littéraires et morales, par Aug. Widal. *Paris, Didier*, 1869, in-8, br.

342. Poëmes des bardes bretons du VIe siècle, traduits avec le texte en regard par Th. Hersart de la Villemarqué. *Paris et Rennes*, 1850, in-8, demi-rel. maroq. brun.

343. Les Derniers Troubadours de la Provence, d'après le chansonnier donné à la Bibliothèque impériale par M. Ch. Giraud, par Paul Meyer. *Paris, A. Franck*, 1871, gr. in-8, broch.

344. Les Épopées françaises, étude sur les origines et l'histoire de la littérature nationale. *Paris, Victor Palmé*, 1865, 2 forts vol. in-8, papier de Hollande, demi-rel. maroquin vert.

345. La Chanson de Roland, poëme de Theroulde, texte critique accompagné d'une traduction, d'une introduction et de notes par F. Génin. *Paris, Impr. nationale*, 1850, fort vol. gr. in-8, demi-rel. maroq. viol.

346. Histoire poétique de Charlemagne, par Gaston Paris. *Paris, A. Franck*, 1865, gr. in-8, br.

347. Le Bel Inconnu, ou Giglain, fils de messire Gauvain et de la Fée aux blanches mains, poëme de la Table ronde,

par Renauld de Beaujeu, poëte du XIIIe siècle, publié par C. Hippeau. *Paris, Aug. Aubry*, 1866, in-12 carré, br.

348. Poésies de Marguerite-Éléonore-Clotilde de Vallon-Chalys, depuis madame de Surville, poëte français du XVe siècle, publiées par Ch. Vanderbourg. *A Paris*, *an XI* (1803), in-8, demi-rel. v.

349. Les Miracles de saint Eloi, poëme du XIIIe siècle, publié et annoté par M. Peigné-Delacourt. *Paris, s. d.*, gr. in-8, broch.

350. Le Comte Lucanor, apologues et fabliaux du XIVe siècle, traduits de l'espagnol et précédés d'une notice sur la vie et les œuvres de Don Juan Manuel, par M. Ad. de Puibusque. *Paris, Amyot*, 1854, in-8, demi-rel. v. vert.

351. Recueil de poésies calvinistes (1550-1566), publié par P. Tarbé. *Reims*, 1866, in-8, demi-rel. maroq. noir.

352. Étude critique et historique sur Jean le Houx et le Vau de Vire à la fin du XVIe siècle, par Armand Gasté. *Paris, Ern. Thorin*, 1874, in-8, br.

353. Les Œuvres de M. Boileau-Despréaux, avec des éclaircissements historiques. *Paris*, 1740, 2 vol. in-4, v. antiq. marb. (portrait ajouté).

354. Histoire des poëmes épiques français du XVIIe siècle, par Julien Duchesne. *Paris, Ern. Thorin*, 1870, in-8, br.

355. L'Herbier, par Alfred Leroux. *Paris, Raymond Bocquet*, 1842, in-8, portrait demi-rel. v. antiq.

356. Erreurs poétiques de Georges Ozaneaux. *Paris, Amyot*, 1849, 3 vol. in-8 demi-rel. v.

357. André Lemoyne. Les Roses d'antan. *Paris, Firmin-Didot*, 1865, in-12, br.

358. André Lemoyne. — Les Charmeuses. *Mesnil, Firmin-Didot, s. d.*, in-12 carré, br.

359. Des Chansons populaires chez les anciens et chez les Français, essai historique suivi d'une Étude sur la chanson des rues contemporaine, par Charles Nisard. *Paris, E. Dentu*, 1867, 2 vol. in-12, br.

360. Dante et la philosophie catholique au XIIIe siècle, par M. A.-F. Ozanam. *Paris, J. Lecoffre*, 1845, in-8, demi-rel. maroq. vert.

361. Pétrarque, étude d'après de nouveaux documents, par A. Mézières. *Paris, Didier*, 1868, in-8, demi-rel. maroq. noir.

362. La Gerusalemme liberata di Torquato Tasso. *In Parigi*, 1792, 2 vol. in-8, titres, grav. figures et vignettes de Gravelot, v. rac. fil. tr. marbr.

363. Les Niebelungen, ou les Bourguignons chez Attila, roi des Huns, poëme traduit de l'ancien idiome teuton, par Mme Ch. Moreau de la Meltière, publié par Francis Riaux. *Paris, Charpentier*, 1837, 2 vol. in-8, demi-rel. v. viol.

364. Le Glaive runique, ou la Lutte du paganisme scandinave contre le christianisme, drame tragique par Ch.-Aug. Nicander, traduit du suédois par Léouzon le Duc. *Paris, Sagnier et Bray*, 1846, in-8, demi-rel. v. viol.

365. Histoire de la poésie scandinave, prolégomènes par M. Edelestand du Méril. *Paris*, 1839, in-8, demi-rel. veau bleu.

366. Poëmes islandais tirés de l'Edda de Saemund, publiés avec une traduction, des notes et un glossaire, par F.-G. Bergmann. *Paris, Impr. royale*, 1838, in-8, demi-rel. veau fauve.

367. William Cowper, sa correspondance et ses poésies, par L. Boucher. *Paris*, 1874, in-8, br.

368. Le Peuple roumain d'après ses chants nationaux, essai de littérature et de morale, par Jean Cratiunesco. *Paris, L. Hachette*, 1874, in-8, br.

369. Krichna et sa doctrine. — Bhagavat Dasam askand, xe livre du Bhagavat Pourana, traduit sur le manuscrit hindoui de Salatch Kab, par Th. Pavie. *Paris, Benj. Duprat*, 1852, gr. in-8, demi-rel. maroq. noir.

370. Poésie héroïque des Indiens, comparée à l'épopée grecque et romaine, avec analyse des poëmes nationaux de l'Inde, par F.-G. Eichhoff. *Paris, Aug. Durand*, 1860, in-8, demi-rel. maroq. vert.

371. Rig-Veda, ou Livre des hymnes, traduit du sanscrit par M. Langlois. *Paris, Firm.-Didot*, 1848, 4 vol. gr. in-8, demi-rel. maroq. vert.

372. Poésie lyrique. — Inde. Rig-Véda, traduction de A. Langlois. — Perse. — Egypte. — Assyrie. — Chine. *Paris*, 1870, 2 vol. in-4, br.

373. Le Bhâgavata Purana, ou Histoire poétique de Krichna, traduit et publié par M. Eug. Burnouf. *Paris, Impr. royale*, 1840-1847, 3 vol. in-4, demi-rel. avec coins maroq. rouge filets.

374. La Bhagavad-Gîtâ, ou le Chant du bienheureux, poëme indien, traduit par M. Em. Burnouf. *Paris et Nancy*, 1861, in-8, br.

375. Das Heldenbuch von Iran aus dem Schah Nameh des Firdussy, von J. Garres. *Berlin*, 1820, 2 vol. in-8, demi-rel. v. rose.

376. Le Mahabharata, onze épisodes tirés de ce poëme épique, traduits pour la première fois du sanscrit en français, par Ph.-Ed. Foucaux. *Paris, Benj. Duprat*, 1862, gr. in-8, br.

377. Pantchatantra, ou les Cinq Livres, recueil d'apologues et de contes traduits du sanscrit par Edouard Lancereau. *Paris, Impr. nationale*, 1871, in-8, br.

378. Rgya Tch'er Rol Pa, ou Développement des jeux, contenant l'histoire du Bouddha Cakya-Mouni, traduit sur la version tibétaine de Bkah-Kgyour, et revu sur l'original sanscrit par Ph.-Ed. Foucaux. (1re partie, texte tibétain.— 2e partie, traduction française.) *Paris, Imprimerie royale*, 1847, 2 tomes en 1 vol., demi-rel. maroq. vert.

379. Poésies de l'époque des Thang (VIIe, VIIIe et IXe siècles de notre ère), traduites du chinois avec une étude sur l'art poétique en Chine, par le marquis d'Hervey Saint-Denys. *Paris, Amyot*, 1862, in-8, br.

380. Le Li-Sao, poëme du IIIe siècle avant notre ère, traduit du chinois et publié avec le texte original par le marquis d'Hervey de Saint-Denys. *Paris, Maisonneuve*, 1870, in-8, broch.

V. THÉATRE.

381. Études sur les tragiques grecs, par M. Patin. *Paris, L. Hachette*, 1841, 3 vol. in-8, demi-rel. v. fauve.

382. Les Tragédies de Sophocle, texte grec publié avec un commentaire critique et explicatif, par Ed. Tournier. *Paris, L. Hachette*, 1867, gr. in-8, demi-rel. maroq. viol.

383. Comédies d'Aristophane, traduites du grec par M. Artaud. *Paris, Brissot-Thivars*, 1830, 6 tomes en 3 vol. in-16, portrait, demi-rel. v. bleu.

384. Scholia græca in Aristophanem. — Fragmenta Euripidis. — Herodoti Historiarum libri IX. *Parisiis, Firm.-Didot*, 1844-1846; ens. 3 vol. in-4, demi-rel. v. fauve.

385. Études sur le théâtre latin, par Maurice Meyer. *Paris, Dézobry*, 1847, in-8, demi-rel. v. violet.

386. P. Terentii Afri comœdias recensuit, notasque suas et Gabrielis Faerni addidit Richardus Bentleius. *Amstelædami*, 1727, in-4, parch. à comp.

387. Les Comédies de Térence, avec la traduction et les remarques de madame Dacier. *Amsterdam*, 1747, 3 vol. in-12, figures, v. antiq.

388. Origines latines du théâtre moderne, publiées et annotées par M. Edelestand du Méril. *Paris*, *Franck*, 1849, gr. in-8, demi-rel. maroq. viol.

389. La Morale de Molière, par C.-J. Jeannel. *Paris*, *Ernest Thorin*, 1867, in-8, br.

390. Shakspeare. Ses œuvres et ses critiques, par Alfr. Mézières. *Paris, Charpentier*, 1860, in-8, br.

391. Prédécesseurs et contemporains de Shakspeare, par A. Mézières. *Paris*, *Charpentier*, 1863, in-8, demi-rel. mar. rouge.

392. Chefs-d'œuvre du théâtre indien, traduits de l'original sanscrit en anglais par M. H. Wilson, et de l'anglais en français par M. A. Langlois. *Paris, Dondey-Dupré*, 1828, 2 vol. in-8, demi-rel. v. viol.

VI. ROMANS.

393. Histoire du roman et de ses rapports avec l'histoire dans l'antiquité grecque et latine, par A. Chassang. *Paris*, *Didier*, 1862, in-8, demi-rel. maroq. rouge.

394. Longi Pastoralia e codd. mss. duobus italicis primum græce integra edidit P.-L. Courier. *Parisiis*, *Firminus Didot*, 1839, in-8, portrait, demi-rel. v. bleu.

395. Les Métamorphoses, ou l'Ane d'or d'Apulée, philosophe platonicien; nouvelle édition, ornée de figures en taille-douce. *Paris*, 1787, 2 vol. in-8, v. rac. dent. tr. dor.

396. Histoire admirable du Franc Harderad et de la vierge Aurélia, légende du VIIe siècle, retrouvée et traduite par un amateur d'antiquité, et publiée par Aug. Trognon. *Paris, Brière*, 1825, in-8, demi-rel. v. fauve.

397. Œuvres de maître François Rabelais, suivies des remarques publiées en anglais par M. le Motteux, et traduites en français par C.-D. M.; nouvelle édition de 76 gravures. *Paris*, *F. Bastien, an VI*, 3 vol. in-4, v. rel.

398. Le Roman de Flamenca, publié d'après le manuscrit unique de Carcassonne, traduit et accompagné d'un glossaire par P. Meyer. *Paris et Béziers*, 1865, gr. in-8, br.

VII. ÉPISTOLAIRES. — MÉLANGES. — POLYGRAPHES.

399. Lettres choisies de madame de Sévigné, publiées par M. Ad. Regnier. *Paris, L. Hachette*, 1870, gr. in-8, br., portraits gravés sur acier et gravures sur bois.

400. Litterarische Analekten vorzüglich für alte Litteratur und Kunst deren Geschichte und methodik herausgegeben von Fried. Aug. Wolf. *Berlin*, 1816, 2 vol. in-8, demi-rel. maroq. noir.

401. Recueil des thèses latines et françaises de littérature de MM. C. Dabas, Em. Delaunay, P. Rossignol, P. Lebas, Mallet, V. Cousin, C. Renouard, Alph. Ducasau, Ch. Loyson, L. Larauza, Aug. Viguier, Fél. Frémion, etc. Ens. 27 br. in-4.

402. Jullien (B.). Thèses de grammaire, de littérature, et thèses supplémentaires de métrique et de musique ancienne, de grammaire et de littérature. *Paris, L. Hachette*, 1855-1861, 3 vol. in-8, dem.-rel., maroq. noir et v. viol.

403. Littérature et voyages, par J.-J. Ampère. *Paris, Paulin*, 1833, in-8, dem.-rel. v. fauve.

404. Mélanges de littérature ancienne et moderne, par M. Patin. *Paris, L. Hachette*, 1840, in-8, dem.-rel. v. antiq.

405. Saint-René Taillandier. Littérature étrangère. Écrivains et poëtes modernes. *Paris, Michel Lévy fr.*, 1861, in-12, br.

406. Mémoires de littérature ancienne, par Émile Egger. *Paris, Aug. Durand*, 1862, in-8, demi-rel. maroq. noir.

407. Mémoires d'histoire ancienne et de philologie, par Émile Egger. *Paris, Aug. Durand*, 1863. in-8, demi-rel. maroq. noir.

408. Collection Barbou. *Parisiis, typis J. Barbou*, 1775, 18 vol. in-12, v. antiq. fil. tr. dor. front. gr. d'Eisen, Gravelot, B. Picard, etc.

Horace. — Phèdre. — Cornelius Nepos. — Tite-Live. — Justin. — Rufus. — Tacite. — Velleius Paterculus. — Pline. — Lucrèce.

409. Œuvres complètes de M. T. Cicéron, traduites en français, avec le texte en regard, édition publiée par Jos.-Vict. Le Clerc. *Paris, Lefranc*, 1825, 30 vol. in-8. dem.-rel. v. fauve.

410. Œuvres choisies d'Étienne Pasquier, accompagnées de notes et d'une étude sur sa vie et sur ses ouvrages, par

L. Feugère. *Paris, Firmin Didot fr.*, 1849, 2 vol. in-12, demi-rel. v. antiq.

411. Œuvres complètes de Suger, recueillies, annotées et publiées par A. Lecoy de la Marche. *Paris, Mme veuve J. Renouard*, 1867, gr. in-8, demi-rel. maroq. brun.

412. Kleine Schriften, von F. Melcker. *Bonn*, 1845, 3 vol. in-8, cart.

413. Wilhelm von Humboldt. Gesammelte Werke. *Berlin*, 1841-1852, 7 vol. in-8, cart.

HISTOIRE.

I. GÉOGRAPHIE.

414. Les Monuments de la géographie, ou Recueil d'anciennes cartes européennes et orientales, publiées en fac-simile de la grandeur des originaux, par M. Jomard. *Paris, s. d.*, 50 planches in-folio en ff. dans un carton.

415. Atlas antique. Dix cartes pour servir à l'étude de l'histoire ancienne, par H. Kiepert. *Berlin*, 1861, in-fol. br.

416. Neuer Hand-Atlas über alle Theile der Erde, bearbeitet von Dr Heinrich Kiepert. *Berlin, Verlag von Dietrich Reimer*, 1857, 40 cartes en couleurs formant 10 livraisons in-4. obl. en ff.

417. Mittheilungen aus Justus Perthes, geographischer Anstalt über wichtige neue Erforschungen auf dem Gesammtgebiete der Geographie, von Dr A. Petermann. *Gotha*, 1861, 74 livraisons in-4.

Quelques livraisons manquent.

418. Die Erdkunde in Verhaltnisz zur Natur und zur Geschichte des Menschen, oder allgemeine vergleichende Geographie von Carl Ritter. *Berlin, G. Reimer*, 1822, 19 t. en 23 forts vol. in-8, demi-rel. v. fauve, tr. marbr.

419. Geschichte der Geographie, von Karl-Friedrich Merleker. *Darmstadt*, 1839, 5 parties en 4 vol. in-8, demi-rel. v. viol.

420. Histoire de la géographie et des découvertes géographiques depuis les temps les plus reculés jusqu'à nos jours, par Vivien de Saint-Martin. *Paris, L. Hachette*, 1873, gr. in-8, br. et atlas in-fol. en 12 ff.

421. Kritische Blätter nebst geografischen Abhandlungen, von Johann-Heinrich Voss. *Stuttgart*, 1828, 2 vol. in-8, demi-rel. v. fauve.

422. Wilhelm Engelmann. Bibliotheca geographica. *Leipzig*, 1857, in-8, demi-rel. v. antiq.

423. Joachim Lelewels. Kleine Schriften geographisch. *Leipzig*, 1836, in-8, demi-rel. v. antiq.

424. Adrien Balbi. Abrégé de géographie, nouvelle édition, publiée par Henry Chotard. *Paris, veuve J. Renouard*, 1869-1873, 4 vol. gr. in-8, br. texte à deux col.

425. Die Erde und ihre Bewohner, ein Handlesebuch für alle Stände, bearbeitet von Karl-Friedrich Vollrath-Hoffmann. *Stuttgart*, 1835, gr. in-8, demi-rel. v. rouge.

426. Essai sur la chevelure des différents peuples, par Richard Cortambert. *Paris, Challamel*, 1861, br. in-8, de 64 pages.

427. Géographie de Strabon, traduction nouvelle par Amédée Tardieu. *Paris, L. Hachette*, 1867-1873, 2 vol. in-12 br.

428. Géographie de Strabon, traduite du grec en français. *Paris, de l'Imprimerie impériale*, 1805-1819, 5 vol. in-4, v. rac.

429. Geographi græci minores, edidit Joannes Franciscus Gail. *Parisiis, Typis regiis excusum*, 1826, 3 vol. in-8, demi-rel. v. fauve.

430. Geographie der Griechen und Römer, aus ihren Schriften dargestellt von Konrad Mannert. *Leipzig*, 1829, 10 t. en 14 vol. in-8, demi-rel. v. fauve.

Tome VI en trois parties, tome IX et X en deux parties.

431. Handbuch der alten Geographie, aus den Quellen bearbeitet, von Albert Forbiger. *Leipzig*, 1842, 3 vol. gr. in-8, demi-rel. maroq. viol.

432. Mémoire sur la cosmographie populaire des Grecs après l'époque d'Homère et d'Hésiode, par M. Th.-H. Martin. *Paris, Imprimerie nationale*, 1875, br. in-4 de 28 pages.

433. Mémoire sur la cosmographie grecque à l'époque d'Homère et d'Hésiode, par M. Th.-H. Martin. *Paris, Imprim. nationale*, 1874, br. in-4 de 30 pages.

434. Essai de géographie historique ancienne, par Félix Ansart. *Paris*, 1837, in-8, demi-rel. v. f.

435. Mémoire sur l'île d'Égine, par M. E. About. *Paris, Imprim. impériale*, 1854, gr. in-8, br.

436. Dionysii Byzantii de Bospori navigatione quæ supersunt edidit Carolus Wescher. *Parisiis e Typographico publico*, 1872, in-8, br.

437. Géographie ancienne, historique et comparée des Gaules cisalpine et transalpine, suivie de l'analyse géographique des itinéraires anciens, accompagnée d'un atlas de neuf cartes, par M. le baron Walckenaer. *Paris, P. Dufart*, 1839, 3 vol. in-8, br. et atlas in-4, br.

438. Études sur la géographie historique de la Gaule, et spécialement sur les divisions territoriales du Limousin au moyen âge, par M. Maximin Deloche. *Paris, Imprimerie impériale*, 1861, in-4, br.

439. De l'Asie, ou Considérations religieuses, philosophiques et littéraires sur l'Asie. *Paris, J. Renouard*, 1832, 4 tomes en 2 vol. in-8, demi-rel. v. fauve.

440. Études de géographie ancienne et d'ethnographie asiatique, par M. Vivien de Saint-Martin. *Paris, Arthus Bertrand*, 1850, 2 vol. in-8, br.

441. Recherches sur l'histoire et la géographie de la Mésène et de la Characène, par M. J. Saint-Martin. *Paris, Imprim. royale*, 1838, in-8, br.

442. Description de l'Arabie, d'après les observations et recherches faites dans le pays même, par M. Niebuhr. *Paris*, 1779, 2 vol. in-4, demi-rel. v. antiq. (planches).

443. Études géographiques et historiques sur l'Arabie, accompagnées d'une carte de l'Assyr., par M. Jomard. *Paris, Firmin-Didot fr.*, 1839, in-8, br.

444. Recherches sur Tyr et Palætyr, par P.-A. Poulain de Bossay. *Paris, Arthus Bertrand*, 1863, in-4, br.

445. Description géographique, historique et archéologique de la Palestine, accompagnée de cartes détaillées, par M. V. Guérin. — Judée. *Paris, Imprimerie impériale*, 1868-69, 3 vol. in-4, br.

446. La Géographie du Talmud, par Adolphe Neubauer. *Paris, Mich. Lévy fr.*, 1868, gr. in-8, demi-rel. maroq. brun.

447. Dictionnaire géographique, historique et littéraire de la Perse et des contrées adjacentes, extrait du *Mo' djem-el-Bouldan* de Yaqout, et complété à l'aide de documents arabes et persans, par C. Barbier de Meynard. *Paris, Impr. impériale*, 1861, pet. in-4, demi-rel. mar. viol.

448. Étude sur la géographie et les populations primitives du nord-ouest de l'Inde, d'après les hymnes védiques, précédée de l'état actuel des études sur l'Inde ancienne, par M. Vivien de Saint-Martin. *Paris, Impr. impériale*, 1850, in-8, demi-rel. maroq. rouge.

449. Géographie ancienne des États barbaresques, d'après l'allemand de Mannert, par MM. L. Marcus et Duesberg. *Paris*, 1842, in-8, demi-rel. v. fauve.

450. Géographie générale comparée, ou Etude de la terre dans ses rapports avec la nature et avec l'histoire de l'homme, pour servir de base à l'étude et à l'enseignement des sciences physiques et historiques, par Karl Ritter, traduit de l'allemand par E. Buret et Ed. Desor. *Paris, Paulin*, 1836, 3 vol. in-8, demi-rel., v. vert.

Afrique.

451. Examen critique sur l'histoire de la géographie du nouveau continent et des progrès de l'astronomie nautique aux xve et xvie siècles, par Alex. de Humboldt. *Paris, Gide*, 1836, 2 vol. in-8, br.

452. Histoire des découvertes géographiques des nations européennes dans les diverses parties du monde, par L. Vivien de Saint-Martin. *Paris, Arthus Bertrand*, 1845, 2 vol. in-8, br.

453. Annales des voyages de la géographie et de l'histoire, avec cartes et planches gravées, par M. Malte-Brun. *Paris, J. Buisson*, 1808-1814, 24 vol. table 1 vol. — Nouvelles Annales des voyages. *Paris, Gide*, 1819-1826, 71 vol. — Ens. 96 vol. in-8, demi-rel. v. vert.

454. Voyageurs anciens et modernes, ou Choix de relations des voyages les plus intéressants et les plus instructifs, par M. Edouard Charton. *Paris*, 1854-1857, 4 vol. in-4, br. figures.

455. Recueil de voyages et de mémoires, publié par la Société de géographie. *Paris*, 1824, *Arthus Bertrand*, 1836, 5 vol. in-4, v. rac.

Le tome Ier contient les voyages de Marco Polo.

456. Voyage en Sardaigne, ou Description statistique, physique et politique de cette île, par le comte Albert de la Marmora. *Paris, Arthus Bertrand*, 1839, 2 vol. gr. in-8, demi-rel. v. bleu.

457. Trois Mois dans les Pyrénées et dans le Midi en 1858, journal de voyage d'Alfred Tonnellé. *Tours*, 1859, in-12, br.

458. Voyage aux Alpes, par J.-M. Dargaud. *Paris, L. Hachette*, 1857, in-12, br.

459. Voyage pittoresque en Autriche, par le comte Alexandre de Laborde. *Paris, Imprimerie de Pierre Didot l'aîné*, 1821, 2 vol. in-fol. avec cartes, plans, vues de monuments, planches, etc., demi-rel. v.

— Même ouvrage (tome 1er seul).

460. Reise auf den Inseln des Thrakischen Meeres, von A. Conze. *Hannover*, 1860, in-4, demi-rel. maroq. viol.

461. Rapports sur un voyage archéologique en Thrace, par M. Albert Dumont. *Paris, Imprim. nationale*, 1871, br. in-8 de 68 pages.

462. Voyage de la Grèce, par C.-H.-L. Pouqueville. *Paris, Firmin-Didot*, 1826, 4 vol. in-8, cartes, vues et figures, demi-rel. v.

463. Voyages et recherches dans la Grèce, ornés d'un grand nombre de monuments inédits, par le chevalier O. Brondsted. *Paris, Jules Renouard*, 1826-1830, 2 vol. in-4, cart.

464. Voyage archéologique en Grèce et en Asie Mineure, fait par ordre du gouvernement français pendant les années 1843 et 1844, publié par Philippe Le Bas avec la coopération d'Eug. Landron. *Paris, Firmin-Didot frères*. Les 54 premières livraisons in-4 et architecture 1847-54. 23 livr. in-fol.

465. Mission archéologique de Macédoine, ouvrage accompagné de planches, par Léon Heuzey et H. Daumet. *Paris, Firmin-Didot fr.*, 1864, I, II et V à X^e^ livr. in-4.

466. Les Steppes de la mer Caspienne, le Caucase, la Crimée et la Russie méridionale, voyage pittoresque, historique et scientifique, par Xavier Hommaire de Hell. *Paris, P. Bertrand*, 1844, 3 vol. gr. in-8, br. et atlas in-fol.

467. Voyage dans la Turquie d'Europe, description physique et géologique de la Thrace, par A. Viquesnel. *Paris, Gide*, 1861, 2 vol. in-4 de 9 livr. Appendice, atlas in-fol.

Ouvrage complet.

468. Voyage en Turquie et en Perse, exécuté par ordre du gouvernement français pendant les années 1846 à 1848, par Hommaire de Hell. *Paris, B. Bertrand*, 1857, 4 vol. gr. in-8, br. et 31 livr. gr. in-fol. de planches.

469. Correspondance d'Orient, 1830-1831, par MM. Michaud et Poujoulat. *Paris, Ducollet*, 1833, 2 vol. in-8, demi-rel. v. viol.

470. Exploration archéologique de la Galatie et de la Bithynie, etc., exécutée en 1861, par MM. Georges Perrot, Edm. Guillaume et Jules Delbet. *Paris, Firmin-Didot fr.*, 1862, texte et planches in-folio en ff.

471. Voyage en Arménie et en Perse, fait dans les années 1805 et 1806, par P.-Amédée Jaubert. *Paris*, 1821, in-8, portrait, carte et planches lithographiées, demi-rel. v. viol.

472. Voyage en Terre sainte, par F. de Saulcy. *Paris, Didier*, 2 vol. gr. in-8, demi-rel. mar. bleu.

473. Expédition scientifique en Mésopotamie, exécutée par ordre du gouvernement, de 1851 à 1854, publiée par J. Oppert. *Paris, Imprim. impériale*, 1858, pour le texte in-4, et *Gide et Baudry*, 1856, pour l'atlas in-fol.

Tome I, 4e livr. Relation du voyage. — Tome II en trois livr. Déchiffrement des inscriptions cunéiformes. — Atlas in-folio en quatre livraisons.

474. Journey through Arabia Petræa to mount Sinai and the excavated city of Petra, the Edom of the prophecies, by Léon de Laborde. *London*, 1836, in-8, cart.

475. Voyage dans la péninsule arabique du Sinaï et l'Égypte moyenne, par M. Lottin de Laval. *Paris, Gide*, 1855-1859, in-4 de texte et planches in-fol.

Ouvrage en livraisons.

476. Voyages d'Ibn-Batoutah, texte arabe, accompagné d'une traduction par C. Defrémery et le Dr B.-R. Sanguinetti. *Paris, Imprimerie impériale*, 1853, 3 vol. in-8, demi-rel. v. rose.

477. Mémoires sur les contrées occidentales, traduits de sanscrit en chinois, en l'an 648, par Hiouen-Thsang, et du chinois en français par M. Stanislas Julien. *Paris, Impr. impériale*, 1857, 2 vol. gr. in-8, demi-rel. mar. viol.

478. Histoire de la vie de Hiouen-Thsang et de ses voyages dans l'Inde, depuis l'an 629 jusqu'en 645, par Hoëli-Li et Yen-Thsong, traduite du chinois par Stanislas Julien. *Paris, Impr. impériale*, 1853, gr. in-8, demi-rel. maroq. viol.

479. Relation des voyages faits par les Arabes et les Persans dans l'Inde et à la Chine dans le IXe siècle de l'ère chrétienne, texte arabe, publié par M. Reinaud. *Paris, Impr. royale*, 1845, 2 vol. in-16, demi-rel. maroq. rouge.

480. Correspondance de Victor Jacquemond avec sa famille et plusieurs de ses amis, pendant son voyage dans l'Inde (1828-1832). *Paris, H. Fournier*, 1835, 2 vol. in-8, portrait, demi-rel. maroq. vert.

481. Voyage à l'oasis de Thèbes et dans les déserts situés à l'orient et à l'occident de la Thébaïde, fait pendant les années 1815 à 1818, par M. Frédéric Calliaud (de Nantes), rédigé et publié par M. Jomard, accompagné de cartes et de planches, et d'un recueil d'inscriptions. *Paris, Impr. royale*, 1821, gr. in-fol., demi-rel. maroq. vert (45 planches).

482. Voyage à l'oasis de Syouah, rédigé et publié par M. Jomard, d'après les matériaux recueillis par M. le chevalier Drovetti, consul général de France en Egypte. *Paris*, 1823, in-folio, texte et 20 planches lithogr. demi-rel. maroq. vert.

483. Le Nil blanc et le Soudan, études sur l'Afrique centrale, mœurs et coutumes des sauvages, par M. Brun-Rollet. *Paris, L. Maison*, 1855, in-8, br.

484. Voyage archéologique dans la régence de Tunis, par V. Guérin. *Paris, Plon*, 1862, 2 vol. gr. in-8, carte, demi-rel. maroq. noir.

485. Voyage de S. A. R. le duc de Montpensier à Tunis, en Egypte, en Turquie et en Grèce, lettres par Antoine de Latour. *Paris, Arthus Bertrand, s. d.* gr. in-8, demi-rel. maroq. viol.

486. De Rebus oceanicis et novo orbe decades tres, Petri Martyris ab Anglesia mediolanensis; item eiusdem de Babylonica, et item de rebus Æthiopicis. *Coloniæ*, 1574, in-8, parch.

487. A historical Inquiry concerning Henry Hudson, his friends, relatives and early life, by John Meredith Read. *Albany*, 1866, gr. in-8, demi-rel. maroq. rouge.

488. Vues des Cordillères et monuments des peuples indigènes de l'Amérique, par Al. de Humboldt. *Paris, s. d.*, 1816, 2 vol. in-8 br. fig. col.

489. Voyages au pays des Mormons, relation, géographie, histoire naturelle, histoire, théologie, mœurs et coutumes, par Jules Remy. *Paris, E. Dentu*, 1860, 2 vol. gr. in-8 br., figures sur acier.

II. HISTOIRE ANCIENNE ET HISTOIRE DU MOYEN AGE.

490. Volney (C.-F.). — Recherches nouvelles sur l'histoire ancienne. *Paris, Courcier*, 1814, 3 vol. — Les Ruines, ou Méditations sur les révolutions des empires. *Paris*, 1817, 1 vol. — Mélanges, 1 vol. — Ens. 5 vol. in-8, demi-rel. v. antiq.

491. Histoire d'Hérodote, traduite du grec. *Paris, de l'impr. de Crapelet*, 1802, 9 vol. in-8, demi-rel. v. fauve, tr. marbrée.

492. Anleitung der allgemeinen Welt. und Volker Geschichte, von Christian Daniel Beck. *Leipzig*, 1813, 4 vol. in-8, demi-rel. v. antiq.

493. Handbuch der Geschichte der Staaten des Alterthum, von A. H. L. Heeren. *Wien*, 1817, in-8, demi-rel. v. antiq.

494. Michelet. — Introduction à l'histoire universelle. *Paris, L. Hachette*, 1831. — Précis de l'histoire moderne. *Paris, L. Colas*, 1827; ens. 2 ouvrages en 1 vol. in-8, demi-rel. v. antiq.

495. Histoire universelle de l'antiquité, par Fréd.-Chrét. Schlosser, traduit de l'allemand par M. P.-A. de Golbéry. *Paris*, 1828, 2 vol. in-8, cart. n. rog.

496. Philosophie de l'histoire, professée en dix-huit leçons publiques à Vienne, par Frédéric de Schlegel, ouvrage traduit de l'allemand en français par M. l'abbé Lechat. *Paris, Parent-Desbarres*, 1836, 2 vol. in-8, demi-rel. veau vert.

497. Die Epochen der Geschichte der Menschheit, von F. Apelt. *Iena*, 1845, 2 vol. in-8, demi-rel. v. rose.

498. Dr Geor. Weber. — Allgemeine Weltgeschichte. *Leipzig*, 1863-1874, 11 vol. gr. in-8.

499. Histoire de l'esclavage dans l'antiquité, par H. Wallon. *Paris, Impr. royale*, 1847, 3 vol. in-8, demi-rel. maroq. brun.

500. De l'Abolition de l'esclavage ancien au moyen âge et de sa transformation en servitude de la glèbe, par J. Yanoski. *Paris, Impr. impériale*, 1860, in-8, br.

501. De l'Abolition de l'esclavage ancien en Occident, par Edouard Biot. *Paris, J. Renouard*, 1840, in-8, demi-rel. v. bleu.

502. Réflexions sur l'origine, l'histoire et la succession des anciens peuples chaldéens, hébreux, phéniciens, égyptiens, grecs, etc., jusqu'au temps de Cyrus, par M. Fourmont. *Paris, chez de Bure*, 1747, 2 vol. in-4, v. antiq. marbr.

503. Histoire d'Égypte dès les premiers temps de son existence jusqu'à nos jours, par le Dr Henri Brugsch, accompagnée de planches lithographiées. — Première partie, l'Egypte sous les rois indigènes. *Leipzig*, 1859, in-4, cart. n. rog.

504. L'Égypte sous les Pharaons, ou Recherches sur la géographie, la religion, la langue, les écritures et l'histoire de l'Egypte avant l'invasion de Cambyse, par M. Champollion le jeune. *Paris, chez de Bure frères, libraires du Roi*, 1814, 2 vol. gr. in-8, demi-rel. v. bleu.

505. Ægyptens Stelle in der Weltgeschichte, von Chr. Carl Bunsen. *Hambourg*, 1845; *Gotha*, 1857, 6 vol. in-8, demi-rel. maroq. vert.

506. Examen critique de la succession des dynasties égyptiennes, par W. Brunet de Presle. *Paris*, *Firm.-Didot fr.*, 1850, gr. in-8, demi-rel. maroq. brun.

507. Recherches pour servir à l'histoire de l'Égypte pendant la domination des Grecs et des Romains, tirées des inscriptions grecques et latines, par M. Letronne. *Paris*, 1823, in-8, demi-rel. v. viol.

508. Die Phönizier, von Dr F. Movers. *Bonn*, 1841, 3 tomes en 4 vol. in-8, demi-rel. maroq. noir.

Tome Ier, 1 vol. — Tome II, 2 parties, 2 vol. — Tome III, 1re partie, 1 volume.

509. Pastoret (de). — Moïse considéré comme législateur et comme moraliste. — Zoroastre, Confucius et Mahomet, comparés comme sectaires, législateurs et moralistes. *Paris, chez Buisson*, 1788; ens. 2 vol. in-8, v. antiq.

510. Le Mont Hor, le tombeau d'Aaron Cadis; étude sur l'itinéraire des Israélites dans le désert, par le comte de Bertou. *Paris, Benjamin Duprat*, 1860, pet. in-4, papier de Holl., figures.

511. Philon d'Alexandrie. — Écrits historiques, influence, luttes et persécutions des juifs dans le monde romain, par Ferd. Delaunay. *Paris, Didier*, 1867, in-8, demi-rel. maroq. vert.

512. Histoire d'Hérode, roi des Juifs, par F. de Saulcy. *Paris*, *L. Hachette*, 1867, gr. in-8, demi-rel. maroq. vert.

513. Les Derniers Jours de Jérusalem, par F. de Saulcy. *Paris*, *L. Hachette*, 1866, gr. in-8, demi-rel. maroq. vert.

514. Examen analytique et tableau comparatif des synchronismes de l'histoire des temps héroïques de la Grèce, par L.-C.-F. Petit-Radel. *Paris, Impr. royale*, 1827, in-4, demi-rel. v.

515. Thucydidis de bello Peloponnesiaco, edidit Franciscus Gœller. *Lipsiæ*, 1836, 8 livres en 2 vol. in-8, demi-rel. v. antiq.

516. Recherches critiques sur l'histoire de la Grèce pendant la période des guerres médiques, par M. de Koutorga. *Paris, Impr. impériale,* 1861, in-4, demi-rel. avec coins maroq. rouge, fil.

517. Examen critique des anciens historiens d'Alexandre le Grand, par M. Sainte-Croix. *Paris,* 1810, in-4, demi-rel. v. vert (planches).

518. Geschichte der Nachfolger Alexanders, von Joh. Gust. Droysen. *Hamburg,* 1836, gr. in-8, demi-rel. v. bleu.

519. Geschichte des alten Griechenlands, von Herm. Gottl. Plass. *Leipzig,* 1831, 2 vol. in-8, demi-rel. v. fauve.

520. Die Hellenen im Skythenlande. — Ein Beitrag zur alten Geographie, Ethnographie und Handelsgeschichte, von Dr Karl Neumann. *Berlin, von G. Reimer,* 1855, in-8, demi-rel. v. fauve.

521. Geschichte der Bildung des hellenistrichen Staatensystemes, von Joh. Gust. Droysen. *Hamburg,* 1843, gr. in-8, demi-rel. v. bleu.

522. Description de la Grèce, de Pausanias, traduction avec le texte grec, par M. Clavier. *Paris,* 1814-1821, 6 tomes en 5 vol. in-8, demi-rel. v. fauve, tr. marbr.

523. Études sur le Péloponnèse, par E. Beulé. *Paris, Firm.-Didot fr.,* 1855, gr. in-8, br. (*Envoi autographe signé de l'auteur.*)
Fortes mouillures.

524. L'Acropole d'Athènes, par E. Beulé. *Paris, Firm.-Didot fr.,* 1853, 2 vol. gr. in-8, br.

525. Mémoire sur le Pélion et l'Ossa, par M. Alfred Mézières. *Paris, Impr. impériale,* 1853, br. gr. in-8 de 118 pages (planches).

526. Description topographique et historique de la plaine d'Argos et d'une partie de l'Argolide, par J.-D. Barbié du Bocage. *Paris, Impr. royale,* 1834, in-8, demi-rel. maroq. brun.

527. Mémoire sur l'île d'Eubée, par M. J. Girard. *Paris, Impr. nationale,* 1852, br. in-8 de 94 pages (planches).

528. Histoire critique de l'établissement des colonies grecques, par M. Raoul-Rochette. *Paris,* 1815, 4 vol. in-8, demi-rel. v. fauve.

529. Recherches sur les établissements des Grecs en Sicile jusqu'à la réduction de cette île en province romaine, par Wladimir Brunet de Presle. *Paris, Impr. royale,* 1845, fort vol. in-8, demi-rel. maroq. vert.

530. Annales des Lagides, ou Chronologie des rois grecs d'Égypte, successeurs d'Alexandre le Grand, par M. Champollion-Figeac. *Paris*, 1819, 2 vol. in-8, cart.

531. De l'Histoire profane dans les Actes grecs des Bollandistes, extraits grecs, traduction française, notes, avec les fragments laissés inédits par les Bollandistes, publiés par l'abbé A. Tougard. *Paris*, 1874, in-8, br.

532. Voyage du jeune Anacharsis en Grèce dans le milieu du IVe siècle avant l'ère vulgaire. *Paris*, *chez de Bure l'aîné*, 1790, 7 vol. in-8, v. rac. dent. tr. dor. et atlas in-4.

533. Histoire de la Grèce sous la domination romaine, par L. Petit de Julleville. *Paris, Ern. Thorin*, 1875, in-8, br.

534. Römische Geschichte, von B.-G. Niebuhr. *Berlin*, 1811, 2 vol. in-8, demi-rel. v. fauve.

535. Histoire romaine depuis la fondation de Rome jusqu'à l'établissement de l'Empire, par Aug. Poirson. *Paris*, *L. Colas*, 1825, 2 vol. in-8, br.

536. Histoire romaine de M. B.-G. Niebuhr, traduite de l'allemand sur la troisième édition par M. P.-A. de Golbéry. *Paris*, 1830, 3 vol. in-8, cart. n. rog.

537. Michelet. — Histoire romaine. — République. *Paris*, *L. Hachette*, 1831, 2 tomes en 1 vol in-8, demi-rel. veau vert.

538. Histoire des Romains et des peuples soumis à leur domination, par Victor Duruy. *Paris*, *L. Hachette*, 1843, 2 vol. in-8, demi-rel. v. antiq.

539. Études sur l'histoire romaine, par Prosper Mérimée. *Paris*, *Victor Magen*, 1844, 2 vol. in-8, demi-rel. v. fauve.

540. Rome depuis sa fondation jusqu'à la chute de l'Empire, par Mary Lafon. *Paris, Furne*, 1853, in-8, gravures et plan, demi-rel. maroq. viol.

541. La République romaine, ou Plan général de l'ancien gouvernement de Rome, par M. de Beaufort. *A la Haye*, 1766, 2 vol. in-4, v. antiq. marbr.

542. Histoire critique de la République romaine, par P.-Ch. Lévesque. *Paris, Dentu*, 1807, 3 vol. in-8, demi-rel. veau fauve.

543. Caius Crispus Sallustius ad codices parisinos recensitus cum varietate lectionum et novis commentariis, curante J.-L. Burnouf. *Parisiis*, 1821, in-8, demi-rel. v. fauve.

544. Histoire de la République romaine dans le cours du VIIe siècle, par Salluste. *Dijon*, 1777, 3 vol. in-4, v. éc. fil. tr. marbr. (portrait, cartes, médailles et figures).

545. Cicéron et ses amis, étude sur la société romaine du temps de César, par Gaston Boissier. *Paris, L. Hachette*, 1865, in-8, demi-rel. maroq. brun.

546. Examen critique des historiens anciens de la vie et du règne d'Auguste, par A.-E. Egger. *Paris, Ch. Dezobry*, 1844, in-8, demi-rel. v. viol.

547. Tableau de l'empire romain depuis la fondation de Rome jusqu'à la fin du gouvernement impérial en Occident, par M. Amédée Thierry. *Paris, Didier*, 1862, in-8, demi-rel. v. vert.

548. Essai sur Marc-Aurèle, d'après les monuments épigraphiques, précédé d'une notice sur le comte Bart. Borghesi, par M. Noel des Vergers. *Paris, Firmin-Didot fr.*, 1860, gr. in-8, demi-rel. maroq. br.

549. Les Césars de l'empereur Julien, traduits du grec par feu M. le comte de Spanheim, avec des remarques et des preuves, enrichis de plus de 300 médailles et autres anciens monuments, gravés par Bernard Picard le Romain. *Amsterdam*, 1728, in-4, v. antiq.

550. Histoire de la décadence et de la chute de l'empire romain, traduite de l'anglais d'Edouard Gibbon, par M. F. Guizot. *Paris, Lefèvre*, 1819, 13 vol. in-8, demi-rel. v. bleu tr. marbr.

551. Etudes ou Discours historiques sur la chute de l'empire romain, la naissance et les progrès du christianisme et l'invasion des Barbares, par le vicomte de Chateaubriand. *Paris, Lefèvre*, 1833, 4 vol. in-8, demi-rel. maroq. rouge.

552. Mémoire sur les établissements romains, du Rhin et du Danube, par Maximilien de Ring. *Paris, Strasbourg*, 1852, 2 vol. in-8, demi-rel. v. bleu.

553. ÉCONOMIE POLITIQUE des Romains, par M. Dureau de la Malle. *Paris, L. Hachette*, 1840, 2 vol. in-8, demi-rel. veau fauve.

554. Histoire des chevaliers romains, considérée dans ses rapports avec celle des différentes constitutions de Rome, par Em. Belot. *Paris, Durand et Pedone-Lauriel*, 1872, gr. in-8, broch.

554 *bis*. Même ouvrage. *Paris, A. Durand*, 1866, gr. in-8, demi-rel. maroq. brun.

555. Relations politiques et commerciales de l'Empire romain avec l'Asie orientale, par M. Reinaud. *Paris, Impr. impériale*, 1863, in-8, br. (cartes).

556. Œuvres complètes de Rollin, nouvelle édition, accompagnée d'observations et d'éclaircissements historiques,

par M. Letronne. *Paris*, *Firmin-Didot*, 1821-1825, 30 vol. in-8, demi-rel. v.

557. L'Étrurie et les Étrusques de M. Noël des Vergers, articles par M. Beulé. *Paris*, *Firmin-Didot fr.*, br, in-4.

558. Die Etrusker, von Karl-Otfried Müller. *Breslau*, 1828, 2 tomes en 1 vol. in-8, demi-rel. v.

559. L'Étrurie et les Étrusques, ou dix ans de fouilles dans les maremmes toscanes, par M. Noël des Vergers. *Paris*, *Firm.-Didot fr.*, 1862, 2 atlas in-fol. en livr.

560. Helvetien unter den Römern, von Franz Ludwig, von Haller, von Königsfelden. 1811-1812, 2 vol. in-8, demi-rel. v. fauve.

561. Les Germains avant le christianisme, par A.-F. Ozanam. *Paris*, *J. Lecoffre*, 1847, 2 vol. in-8, demi-rel. v. viol.

562. Recherches sur l'origine des Gaulois, par G. Lévêque. *Paris*, 1869, in-8, br.

563. Annales de la Gaule avant et pendant la domination romaine, par Léon Fallue. *Paris*, *Durand*, 1864, in-8, br.

564. Les Campagnes de Jules César dans les Gaules, études d'archéologie militaire, par F. de Saulcy. *Paris*, *Didier*, 1862, in-8, demi-rel. maroq. bleu ciel.

565. Conquête des Gaules. — Analyse raisonnée des Commentaires de Jules César, accompagnée d'une carte indicative de l'itinéraire des légions, par L. Fallue. *Paris*, *Ch. Tanéra*, 1862, in-8, demi-rel. mar. bleu ciel.

566. Alesia (septième campagne de Jules César), par Ern. Desjardins. *Paris*, *Didier*, 1859, in-8, br.

567. Recherches sur le lieu de la bataille d'Attila en 451, ornées d'une carte géographique et de planches chromolithographiques, par Peigné-Delacourt. *Paris*, *J. Claye*, 1860, in-4, cart. n. rog.

567 *bis*. Même ouvrage, même édition, in-4, br.

568. Mémoire sur le lieu de la bataille livrée avant le siége d'Alesia, par M. Gustave Gouget. *Paris*, *Impr. impériale*, 1863, br. in-4.

569. Recherches sur les empereurs qui ont régné dans les Gaules au IIIe siècle de l'ère chrétienne, par J. de Witte. *Paris*, 1868, in-4 cart., 49 planches de médailles.

570. Histoire des Gaulois d'Orient, par Félix Robiou. *Paris*, *Impr. impériale*, 1866, gr. in-8, carte, demi-rel. maroquin viol.

571. Le Nord de l'Afrique dans l'antiquité grecque et romaine, étude historique et géographique, par M. Vivien de Saint-Martin. *Paris, Impr. impériale*, 1863, in-4, br.

572. Antiquités de la Perse. — Mémoires sur la chronologie et l'iconographie des rois parthes arsacides, par Adrien de Longpérier. *Paris, Firm.-Didot fr.*, 1853, in-4, demi-rel. maroq. vert.

573. H. Cavaniol. — Nidintabel. — La Perse ancienne. *Paris, Durand et Pedone-Lauriel*, 1868, gr. in-8, br.

574. Histoire de la Perse depuis les temps les plus anciens jusqu'à l'époque actuelle, traduit de l'anglais de sir John Malcolm. *Paris, Pillet aîné*, 1821, 4 vol. in-8, carte, portrait et planches, demi-rel. v. bleu.

575. La Magie chez les Chaldéens et les origines accadiennes, par François Lenormant. *Paris, Maisonneuve*, 1874, in-8, broch.

576. Études accadiennes, par François Lenormant. *Paris, Maisonneuve*, 1873, tome Ier en 2 parties, in-4, br.

Autographie.

577. Moïse de Khorène, auteur du ve siècle. — Histoire d'Arménie, texte arménien et traduction française, par P.-E. de Florival. *Paris, s. d.*, 2 vol. in-8, demi-rel. mar. viol.

578. Fragments arabes et persans inédits, relatifs à l'Inde antérieurement au XIe siècle de l'ère chrétienne, recueillis par M. Renaud. *Paris, Impr. royale*, 1845, in-8, demi-rel. maroq. viol.

579. Recherches sur la chronologie arménienne, par M. Ed. Dulaurier. — Tome Ier, chronologie technique. *Paris, Impr. impériale*, 1859, in-4, br.

580. L'Europe au moyen âge, traduit de l'anglais de M. Henry Hallam par MM. P. Dudouit et A. R. Borghers. *Paris*, 1820, 4 vol. in-8, cart.

581. Les Origines de la société moderne, ou Histoire des quatre premiers siècles du moyen âge, par A.-M. Poinsignon. *Reims*, 1856, 3 vol. in-8, demi-rel. v. viol.

582. Anekdota, ou Histoire secrète de Justinien, traduite de Procope. — Géographie du VIe siècle et révision de la numismatique d'après le livre de Justinien, avec figures, cartes et tables, par M. Isambert. *Paris*, 1856, in-8, demi-rel. maroq. brun.

583. L'Empereur Héraclius et l'Empire byzantin au VIIe siècle, par L. Drapeyron. *Paris, Ern. Thorin*, 1869, in-8, br.

584. L'Empire grec au Xe siècle. Constantin Porphyrogénète, par Alfred Rambaud. *Paris*, 1870, gr. in-8, br.

585. La Palestine sous les empereurs grecs, 326-636, par Alphonse Couret. *Grenoble*, 1869, gr. in-8, br.

586. Les Juifs dans le moyen âge. Essai historique sur leur état civil, commercial et littéraire, par G.-B. Depping. *Paris*, *Impr. royale*, 1834, in-8, demi-rel. maroq. viol.

587. Recueil des historiens des croisades, publié par les soins de l'Académie des inscriptions et belles-lettres; ens. 9 vol. in-fol. br.

Historiens occidentaux, 1844-66, 3 tom. en 4 vol. — Historiens orientaux, tome Ier. — Documents arméniens, 1869, tome Ier (2 exempl.). — Assises de Jérusalem (lois), 1843, 2 vol.

588. Études sur le commerce au moyen âge. — Histoire du commerce de la mer Noire et des colonies génoises de la Krimée, par Élie de la Primaudaie. *Paris*, 1848, in-8, demi-rel. v.

III. HISTOIRE DE FRANCE ET DES PROVINCES DE FRANCE.

589. Recueil des historiens des Gaules et de la France; ens. 7 vol. in-fol. br.

Tome XX, Impr. royale, 1840. — Tome XXI, Impr. impériale, 1855. — Tome XXII, Impr. impériale, 1865 (exemplaire double), réimpression tomes I, IV et XIII. *Paris*, *Victor Palmé*, 1869, 3 vol.

590. Diplomata, chartæ, epistolæ, leges aliaque instrumenta ad res Gallo-Francicas spectantia prius collecta à W. de Brequigny et la Porte du Theil, edidit J.-M. Pardessus. *Lutetiæ Parisiorum*, *ex Typographeo regio*, 1843, 2 vol. in-fol. br.

Le tome Ier est atteint de fortes mouillures.

591. Table chronologique des diplômes, chartes, titres et actes imprimés concernant l'histoire, par M. de Bréquigny, continuée par M. Pardessus. *Paris*, *Impr. royale*, 1846-1853; ens. 4 vol. in-fol. br.

Tome V, tome VI et tome VII, 2 exemplaires.

592. Collection de documents inédits sur l'histoire de France, publiés par les soins du ministre de l'instruction publique, 130 vol. in-4, cart. ou brochés et atlas in-fol.

593. Histoire de la civilisation en France, 4 vol., et de la civilisation en Europe, par M. Guizot. *Paris*, *Didier*, 1840; ens. 5 vol. in-8, portrait, demi-rel. v. antiq.

594. Histoire de l'administration monarchique en France, par A. Chéruel. *Paris, Dezobry*, s. d., 2 vol. in-8, demi-rel. v. fauve.

595. Dictionnaire historique des institutions, mœurs et coutumes de la France, par A. Chéruel. *Paris, L. Hachette*, 1855, 2 vol. in-12, demi-rel. maroq. noir.

596. Institutions militaires de la France avant les armées permanentes, par Ed. Boutaric. *Paris, H. Plon*, 1863, in-8 br.

597. Mémoire sur la royauté française et le droit populaire d'après les écrivains du moyen âge, par M. Ch. Jourdain. *Paris, Impr. nationale*, 1875, br. in-4 de 58 pages.

598. Statistique générale, méthodique et complète de la France, comparée aux autres grandes puissances de l'Europe, par J.-M. Schnitzler. *Paris*, 1846, 4 vol. in-8, demi-rel. maroq. br.

599. Histoire des institutions mérovingiennes et du gouvernement des Mérovingiens jusqu'à l'édit de 615, par J.-M. Lehuérou. *Paris, Joubert*, 1842, in-8, demi-rel. v. fauve.

600. Études sur l'histoire, les lois et les institutions de l'époque mérovingienne, par M. J. de Pretigny. *Paris, Brockhaus*, 1843, et *Franck*, 1846, 3 tomes en 5 vol. in-8, demi-rel. v. fauve.

Les tomes II et III sont en deux parties.

601. Histoire du royaume mérovingien d'Austrasie, par M. A. Huguenin. *Metz et Paris*, 1862, in-8 br.

602. Histoire des Francs. — Grégoire de Tours et Frédégaire, traduction de M. Guizot, édition publiée par Alfred Jacobs. *Paris, Didier*, 1861, 2 vol. in-8, demi-rel. chagr. vert.

603. Histoire des expéditions maritimes des Normands et de leur établissement en France au xe siècle, par M. Depping. *Paris, Didier*, 1843, in-8, demi-rel. maroq. viol.

604. Dix Ans d'études historiques, par Aug. Thierry. *Paris, Just Teissier*, 1842, in-8, demi-rel. maroq. viol.

605. Essai sur l'histoire de la formation et des progrès du tiers état, par Aug. Thierry. *Paris, Furne*, 1853, in-8, demi-rel. maroq. viol.

606. Lettres sur l'histoire de France, par Augustin Thierry. *Paris, Just Teissier*, 1839, in-8, demi-rel. v. fauve.

607. Histoire de France, par M. Michelet. *Paris, L. Hachette*, 1833-1844, 6 vol. in-8, demi-rel. v. vert.

608. Histoire de France, par Henri Martin. *Paris, Furne*, 1838-1854, 19 vol. in-8, demi-rel. v. bleu.

609. Histoire de France populaire, par Henri Martin. *Paris, Furne, s. d.*, in-4 br. figures (tome Ier).

610. Dictionnaire topographique de la France. *Paris, Impr. impériale*, 1861 à 1874, 11 vol. in-4, br.

Département d'Eure-et-Loir, par M. Luc. Merlet.
— de la Meurthe, par M. H. Lepage.
— de l'Yonne, par M. Max. Quantin.
— du Gard, par M. E. Germer-Durand.
— du Haut-Rhin, par M. G. Stoffel.
— de l'Aisne, par M. Aug. Matton.
— du Morbihan, par M. Rosenzweig.
— de la Meuse, par M. F. Liénard.
— de la Dordogne, par M. le vicomte de Gourgues.
— de l'Aube, par M. Th. Boutiot et Em. Socard.
— de la Moselle, par M. de Bouteiller.

611. Histoire des peuples et des États pyrénéens (France et Espagne) depuis l'époque celtibérienne jusqu'à nos jours, par J. Cénac-Moncaut. *Paris, Amyot*, 1860, 5 vol. in-8, br.

612. Histoire des Gaulois depuis les temps les plus reculés jusqu'à l'entière soumission de la Gaule à la domination romaine, par Amédée Thierry. *Paris, A. Sautelet*, 1828, 3 vol. in-8, demi-rel. v. bleu.

613. Histoire de la Gaule sous l'administration romaine, par Amédée Thierry. *Paris, Just Teissier*, 1840, 3 vol. in-8, demi-rel. v. fauve.

614. Histoire des Gaulois d'Orient, par Félix Robiou. *Paris, Impr. impériale*, 1866, gr. in-8, br.

615. Étude sur l'histoire de France et sur quelques points de l'histoire moderne, par M. Aug. Trognon. *Paris, Joubert*, 1836, in-8, demi-rel. v. bleu.

616. Essai historique sur les criées publiques au moyen âge, par M. Octave Teissier. *Draguignan*, 1864, br. in-8 de 71 pages.

617. Les Forêts de la France dans l'antiquité et au moyen âge, par Alfred Maury. *Paris, Impr. impériale*, 1856, in-4, broch.

618. Les Forêts de la Gaule et de l'ancienne France, par Alfr. Maury. *Paris, Ladrange*, 1867, in-8, demi-rel. maroquin noir.

619. Les Archives de la France, par le marquis de Laborde. *Paris, veuve Jules Renouard*, 1867, in-12, demi-rel. maroq. rouge.

620. Correspondance des contrôleurs généraux des finances avec les intendants des provinces, publiée par A.-M. de Boislisle. *Paris, Impr. nationale,* 1874, in-4, br. (tome Ier).

621. Les Francs, leur origine et leur histoire dans la Pannonie, la Mésie, la Thrace, etc., la Germanie et la Gaule, depuis les temps les plus reculés jusqu'à la fin du règne de Clotaire, dernier fils de Clovis, fondateur de l'Empire français. *Rennes,* 1867, 2 vol. in-8, br.

622. Suger et la monarchie française au XIIe siècle, par A. Huguenin. *Paris, Dezobry,* 1857, in-8, demi-rel. veau rose.

623. Catalogue des actes de Philippe-Auguste, avec une introduction par M. Léopold Delisle. *Paris, Aug. Durand,* 1856, in-8, br.

624. La France de saint Louis d'après la poésie nationale, par Ed. Sayous. *Paris, Durand,* 1866, in-8, br.

625. Saint Louis et son temps, par H. Wallon. *Paris, L. Hachette,* 1875, 2 vol. in-8, br.

626. Saint Louis et Alfonse de Poitiers, étude sur la réunion des provinces du Midi et de l'Ouest à la couronne, par Edg. Boutaric. *Paris, H. Plon,* 1870, in-8, br.

627. Mémoire sur la langue de Joinville, par M. Natalis de Wailly. *Paris, Impr. impériale,* 1870, in-4, br.

628. Mémoires de Jean, sire de Joinville, publiés par M. Francisque Michel. *Paris, Firmin-Didot fr.,* 1858, in-12 br., figures.

629. Notices et extraits de documents inédits relatifs à l'histoire de France sous Philippe le Bel, par M. Edgar Boutaric. *Paris, Impr. impériale,* 1861, in-4, br.

630. La France sous Philippe le Bel. Étude sur les institutions politiques et administratives du moyen âge, par Edgar Boutaric. *Paris, H. Plon,* 1861, in-8, demi-rel. mar. viol.

631. Mémoire sur les ouvrages de Guillaume de Nangis, par M. Léopold Delisle. *Paris, Imprimerie nationale,* 1873, br. in-4 de 86 pages.

632. Histoire de Richer, en quatre livres, publiée avec traduction, notes, cartes, etc., par A.-M. Poinsignon. *Reims,* 1855, in-8, demi-rel. mar. rouge.

633. Mémoire sur la valeur des principales denrées et marchandises qui se vendaient ou se consommaient en la ville d'Orléans, au cours des XIVe, XVe, XVIIe et XVIIIe siècles, par P. Mantellier. *Orléans,* 1862, gr. in-8, br.

634. Négociations des Anglais avec le roi de Navarre pendant la révolution parisienne de 1358, par Simon Luce. *Paris*, 1875, br. in-8 de 19 pages.

635. La Grande Guerre, fragments d'une histoire de France aux xive et xve siècles, par René de Belleval. *Paris, Aug. Durand*, 1862, in-8, br.

636. Robert l'Ermite, étude sur un personnage normand du xive siècle, par M. Léon Puiseux. *Caen*, 1859, br. in-4 de 32 pages.

637. Extraits des comptes et mémoriaux du roi René pour servir à l'histoire des arts au xve siècle, publiés par A. Lecoy de la Marche. *Paris, Alph. Picard*, 1873, in-8, br.

638. Le Roi René, sa vie, son administration, ses travaux artistiques et littéraires, d'après les documents inédits des archives de France et d'Italie, par A. Lecoy de la Marche. *Paris, Firmin-Didot fr.*, 1875, 2 vol. gr. in-8, br.

639. Jacques Cœur et Charles VII, ou la France au xve siècle, étude historique par P. Clément. *Paris, Guillaumin*, 1853, 2 vol. in-8, portrait, demi-rel. v.

640. Histoire de Charles VII, roi de France, et de son époque, par M. Vallet de Viriville. *Paris, Renouard*, 1862-1865, 3 vol. in-8, demi-rel. maroq. rouge.

641. Première Expédition de Jeanne Darc, le ravitaillement d'Orléans; nouveaux documents, plan du siége et de l'expédition, par M. Boucher de Molandon. *Orléans*, 1874, gr. in-8, br.

642. Jeanne Darc, par Henri Martin. *Paris, Furne*, 1857, in-12, br. portrait.

643. Jeanne d'Arc, par M. Wallon. *Paris, L. Hachette*, 1860, 2 vol. in-8, demi-rel. mar. rouge.

644. Histoire de Charles VIII, roi de France, par C. de Cherrier. *Paris, Didier*, 1868, 2 vol. in-8, br.

645. Titres de la maison ducale de Bourbon, par M. Huillard-Bréholles. *Paris, Henri Plon*, 1867, in-4, br. (tome Ier).

646. La Réforme et la Ligue en Anjou, par Ern. Mourin. *Paris, Aug. Durand*, 1856, in-8, br.

647. Étude sur l'amiral de Coligny, par Jules Teissier. *Paris, Ern. Thorin*, 1872, in-8, br.

648. Le Cardinal de Lorraine, son influence politique et religieuse au xvie siècle, par J.-J. Guillemin. *Paris, Joubert*, 1847, in-8, demi-rel. v. viol.

649. Études historiques sur l'administration des voies publiques en France aux XVIIe et XVIIIe siècles, par E.-J.-M. Vignon. *Paris, Durand*, 1862, 3 vol. gr. in-8 br.

650. Histoire du règne de Henri IV, par M. Auguste Poirson. *Paris, Didier*, 1862-1867, 4 vol. in-8, rel. et br.

Le tome Ier est en demi-rel. mar. viol., les tomes II et III sont brochés, et le tome IV est en demi-rel. mar. viol.

651. Les Amours du grand Alcandre, par Mlle de Guise, suivis de pièces intéressantes pour servir à l'histoire de Henri IV. *Paris, Didot l'aîné*, 1786, 2 vol. in-12, v. éc. fil. tr. dor.

652. Le Gouvernement de Louis XIV, ou la Cour, l'administration, les finances et le commerce de 1683 à 1689, par P. Clément. *Paris, Guillaumin*, 1848, in-8, demi-rel. veau antiq.

653. Les Dernières Années du cardinal de Retz (1655-1679), étude historique et littéraire, par A. Gazier. *Paris, Ern. Thorin*, 1875, in-8, br.

654. De l'Administration en France sous le ministère du cardinal de Richelieu, par J. Caillet. *Paris, Firmin-Didot*, 1857, in-8, br.

655. L'Administration en France sous le ministère du cardinal de Richelieu, par J. Caillet. *Paris, Didier*, 1860, 2 vol. in-12, br.

656. Mémoires de Mlle de Montpensier, petite-fille d'Henri IV, collationnés sur le manuscrit autographe, avec notes biographiques et historiques, par A. Chéruel. *Paris, Charpentier*, 1857-1859, 4 vol. in-12, br.

657. Mémoires sur la vie publique et privée de Fouquet, surintendant des finances, par A. Chéruel. *Paris, Charpentier*, 1862, 2 vol. in-8, demi-rel. maroq. brun.

658. La Princesse des Ursins. Essai sur sa vie et son caractère politique, d'après de nombreux documents inédits, par M. F. Combes. *Paris, Didier*, 1858, in-8, br.

659. Histoire de l'ordre royal et militaire de Saint-Louis, depuis son institution en 1693 jusqu'en 1830, par Alex. Mazas, terminée par Théodore Anne. *Paris*, 1860-1861, 3 vol. gr. in-8, br.

660. Histoire de la vie et de l'administration de Colbert, contrôleur général des finances, par M. P. Clément. *Paris, Guillaumin*, 1846, in-8, demi-rel. v. viol.

661. Port-Royal, par C.-A. Sainte-Beuve. *Paris, L. Hachette*, 1867, 6 vol. in-12, br.

662. La Vérité sur les Arnauld, complétée à l'aide de leur correspondance inédite, par Pierre Varin. *Paris*, 1847, 2 vol. in-8, demi-rel. v. antiq.

663. Bossuet, précepteur du Dauphin fils de Louis XIV, et évêque à la cour, 1670-1682, par A. Floquet. *Paris*, *Firm.-Didot fr.*, gr. in-8, br.

664. Saint-Simon, considéré comme historien de Louis XIV, par A. Chéruel. *Paris*, *L. Hachette*, 1865, in-8, br.

665. Mémoires de l'abbé Morellet, de l'Académie française, sur le XVIIIe siècle et sur la Révolution, par M. Lemontey. *Paris*, *Ladvocat*, 1821, 2 vol. in-8, portrait, demi-rel. veau antiq.

666. Lacretelle (Ch.). — Testament philosophique et littéraire. *Paris*, *P. Dufart*, 1840, 2 vol. — Dix Années d'épreuves pendant la révolution. *Paris*, *Allouard*, 1842, ens. 3 vol. in-8, demi-rel. v.

667. Histoire de la Révolution française, par M. Thiers. *Paris*, *Lecointe*, 1834, 10 vol. in-8, gravures, demi-rel. v. rose.

668. Histoire de la Révolution française, par J. Michelet. *Paris*, *Chamerot*, 1847, 2 vol. in-8, demi-rel. v. bleu.

669. Histoire de la Révolution française depuis 1789 jusqu'en 1814, par F.-A. Mignet. *Paris*, *Firmin-Didot fr.*, 1833, 2 vol. in-8, demi-rel. v.

670. Histoire du Consulat et de l'Empire, par M. A. Thiers. *Paris*, *Paulin*, 1845-1847, 7 vol. in-8 (tomes I à VII), demi-rel. maroq. viol.

671. Histoire du Consulat et de l'Empire, par M. Ch. de Lacretelle. *Paris*, *Amyot*, 1846, 4 vol. in-8, demi-rel. veau fauve gris.

672. Histoire de la guerre de la Péninsule sous Napoléon, précédée d'un tableau politique et militaire des puissances belligérantes, par le général Foy. *Paris*, *Baudouin fr.*, 1827, 4 vol. in-8, demi-rel. v. bleu.

673. Vie du maréchal Gouvion Saint-Cyr, par le baron Gay de Vernon. *Paris*, *Firmin-Didot fr.*, 1865, in-8, portrait, demi-rel. v. fauve.

674. Expédition de Chine en 1860, atlas dressé d'après les documents officiels sous la direction du lieutenant de vaisseau Pallu, publiée par ordre de S. E. Mgr le comte P. de Chasseloup-Laubat. *Paris*, 1863, in-fol. cart. (6 cartes).

675. Statistique monumentale de Paris, atlas, cartes, plans et dessins, par Albert-Lenoir. 33 livr. gr. in-folio.

676. Journal d'un voyage à Paris en 1657-1658, publié par A.-P. Faugère. *Paris, Benj. Duprat*, 1862, in-8, demi-rel. maroq. viol.

677. Histoire de la ville et de tout le diocèse de Paris, par l'abbé Lebeuf, nouvelle édition, annotée et continuée jusqu'à nos jours, par Hipp. Cocheris. *Paris, Aug. Durand*, 1863, 3 vol. gr. in-8, demi-rel. maroq. vert, fleurons.

678. Histoire de l'abbaye de Saint-Denis en France, par Mme Félicie d'Ayzac. *Paris, Imprimerie impériale*, 1860, 2 vol. gr. in-8, demi-rel. maroq. vert.

679. Cartulaire de l'abbaye de Notre-Dame de la Roche de l'ordre de Saint-Augustin au diocèse de Paris, d'après le manuscrit original de la Bibliothèque impériale, enrichi de notes, d'index et d'un dictionnaire géographique, par Auguste Moutié, sous les auspices et aux dépens de M. H. d'Albert, duc de Luynes. *Paris, H. Plon*, 1862, in-4 br. et atlas in-fol. cart.

680. Chevreuse. Recherches historiques, archéologiques et généalogiques, par Aug. Moutié. *Rambouillet*, 1874, 2 vol. in-8, br.

681. Cartulaire municipal de Saint-Maximin, suivi de documents puisés dans les archives de cette ville, publié par M. L. Rostan. *Paris, H. Plon*, 1862, in-4, br.

682. Histoire du château et du bourg de Blandy en Brie, par A.-H. Taillandier. *Paris, Dumoulin*, 1854, gr. in-8 br., papier de Hollande, figures.

683. Chronique d'une ancienne ville royale, Dourdan, capitale du Hurepoix, par Joseph Guyot. *Paris, Aug. Aubry*, 1869, gr. in-8, br. (Vue de la ville gravée à l'eau-forte.)

684. Fragments de l'histoire de Gonesse, principalement tirés des archives hospitalières de cette commune, par M. Léopold Delisle. *Paris, Aug. Durand*, 1859, br. in-8 de 71 pages.

685. Histoire de Rouen sous la domination anglaise au XVe siècle, suivie de pièces justificatives publiées par A. Chéruel. *Rouen*, 1840, gr. in-8, demi-rel. v. rouge.

686. Histoire de Rouen pendant l'époque communale (1150-1382), suivie de pièces justificatives publiées par A. Chéruel. *Rouen*, 1843, 2 vol. in-8, demi-rel. v. antiq.

687. Études sur la condition de la classe agricole et l'état de l'agriculture en Normandie au moyen âge, par Léopold Delisle. *Evreux*, 1851, in-8, demi-rel. v. viol.

688. L'Émigration normande et la colonisation anglaise en Normandie au xve siècle, avec des pièces justificatives et la liste des émigrés normands, par M. Léon Puiseux. *Caen*, 1866, in-8, br. de 124 pages.

689. Les Origines du royaume d'Yvetot, par M. le vicomte Oscar de Poli. *Paris, Amyot*, 1872, br. in-8 de 24 pages.

690. Histoire du privilége de Saint-Romain, par A. Floquet. *Rouen*, 1833, 2 vol. in-8, figures, demi-rel. v. viol.

691. Notice sur Chilly-Mazarin. — Le château. — L'église. — Le village. — Le maréchal d'Effiat, par M. Patrice Salin. *Paris, Adrien Leclère*, 1867, in-4, portrait et six eaux-fortes par Karl Fichot, demi-rel. maroq. rouge.

692. Les Cloches du pays de Bray, avec leurs dates, leurs noms, leurs inscriptions, leurs armoiries, etc., par M. D. Dergny. *Paris et Rouen*, 1863, in-8, br.

693. Histoire de Boulogne-sur-Mer, par G. d'Hautefeuille et L. Bénard. *Boulogne*, 1860, 2 vol. in-12, br.

694. Essai sur l'histoire, la langue et les institutions de la Bretagne armoricaine, par Aurélien de Courson. *Paris*, 1840, in-8, demi-rel. v. fauve.

695. Histoire des origines et des institutions des peuples de la Gaule armoricaine et de la Bretagne insulaire, par Aurélien de Courson. *Paris, Joubert*, 1843, in-8, demi-rel. veau vert.

696. Anciens Évêchés de Bretagne, histoire et monuments, par J. Geslin de Bourgogne et A. de Barthélemy. — Diocèse de Saint-Brieuc. *Paris, Saint-Brieuc*, 1856, 2 vol. gr. in-8, br. (planches).

697. Cartulaire de l'abbaye de Redon en Bretagne, publié par M. Aurélien de Courson. *Paris, Impr. impériale*, 1863, in-4, br.

698. Histoire de la communauté des marchands fréquentant la rivière de Loire et fleuves descendant en icelle, par P. Mantellier. *Orléans*, 1867, gr. in-8, br.

699. Histoire du château de Blois, par L. de la Saussaye. *Blois et Paris*, 1840, in-fol. br. 7 planches lith.

700. Blois et ses environs, guide historique dans le Blésois, illustré de 38 vignettes. *Blois et Paris*, 1862, in-12, br.

701. Histoire du Velay, par Francisque Mandet. *Le Puy*, 1860-1861, 7 vol. in-12, br., papier velin.

702. Huguenin jeune. — Histoire de la guerre de Lorraine et du siége de Nancy, par Charles le Téméraire, duc de

Bourgogne. *Metz*, 1837. — Brunecheld et les Austrasiens. *Metz*, 1834.— Règnes de Chlother II et de Dagobert. *Metz*, 1836 ; ens. 3 ouvr. en 1 vol. in-8, demi-rel. v. fauve.

703. Histoire du comté de Chiny et des pays Haut-Wallons, par M. Jeantin. *Paris et Nancy*, 1858-1859, 3 vol. in-8, broch.

704. Notice historique sur la chapelle et l'hôpital aux Riches, par Jules d'Arbaumont. *Dijon*, 1868, in-4, br.

705. Marguerite de Flandre, duchesse de Bourgogne, sa vie intime et l'état de sa maison, par M. Marcel Canat. *Paris*, *Aug. Aubry*, 1860, in-8, br.

706. Histoire des ducs et des comtes de Champagne, par H. d'Arbois de Jubainville. *Paris*, *A. Durand*, 1859-1864, 4 vol. in-8, br.

707. Histoire des guerres du calvinisme et de la ligue dans l'Auxerrois et le Sénonais, par A. Challe. *Auxerre*, 1863, 2 vol. in-8 , broch.

708. Cartulaire de Brioude (Liber de honoribus sancto Juliano collatis), publié par M. Henry Doniol. *Clermont-Ferrand et Paris*, 1863, in-4, br.

709. Cartulaire de Sauxillanges, publié avec des notes et des tables, par M. Henry Doniol. *Clermont-Ferrand et Paris*, 1864, in-4, br.

710. Cartulaire de l'abbaye de Beaulieu (en Limousin), publié par Maximin Deloche. *Paris*, *Impr. impériale*, 1859, in-4, maroq. rouge fil. tr. dor.

711. Les Cartulaires angevins, étude sur le droit de l'Anjou au moyen âge, par G. d'Espinay. *Angers*, 1864, in-8, br.

712. Histoire des protestants et des églises réformées du Poitou, par Aug. Lièvre, pasteur. *Paris et Poitiers*, 1860, 3 vol. in-8, br.

713. Histoire de la commune de Montpellier, depuis ses origines jusqu'à son incorporation définitive à la monarchie française, par A. Germain. *Montpellier*, 1851, 3 vol. in-8, demi-rel. v. viol.

714. Histoire du commerce de Montpellier antérieurement à l'ouverture du port de Cette, par A. Germain. *Montpellier*, 1861, 2 vol. in-8, demi-rel. maroq. noir.

715. Histoire de l'église de Nîmes, par M. A. Germain. *Nîmes*, 1838, 2 vol. in-8, demi-rel. v. antiq.

716. Histoire du commerce et de la navigation à Bordeaux, principalement sous l'administration anglaise, par Fran-

cisque Michel. *Bordeaux*, 1867, in-8, demi-rel. maroq. rouge.

717. Maguelone sous ses évêques et ses chanoines, étude historique et archéologique, par A. Germain. *Montpellier*, 1869, in-4, br.

718. Histoire des peuples et des États pyrénéens (France et Espagne), depuis l'époque celtibérienne jusqu'à nos jours. *Paris*, *Amyot*, 1860, 5 vol. in-8 br. Gravures.

719. Les Richesses des Pyrénées françaises et espagnoles, ce qu'elles furent, ce qu'elles sont, ce qu'elles peuvent être, par Cénac-Moncaut. *Paris*, *Guillaumin*, 1864, gr. in-8, broch.

720. Notice sur les archives communales de la ville de Toulon, par M. Octave Teissier. *Toulon*, 1863, gr. in-8, br.

721. Les Iles de Lérins, Cannes et les rivages environnants, par l'abbé Alliez. *Paris*, 1860, gr. in-8, br.

722. Metz, cité épiscopale et impériale. — Un épisode de l'histoire du régime municipal dans les villes romanes de l'empire germanique, par N. Klipffel. *Bruxelles*, 1867, in-8, br.

723. Metz. Campagne et négociations, par un officier supérieur de l'armée du Rhin, accompagné d'une carte des environs de Metz. *Paris*, *J. Dumaine*, 1872, in-8, br.

724. Coutumes de la haute Alsace, dites de Ferrette, publiées pour la première fois par Ed. Bonvalot. *Colmar et Paris*, 1870, gr. in-8, br.

725. Lettres sur les archives départementales du Bas-Rhin, par L. Spach. *Strasbourg*, 1862, gr. in-8, br.

726. Exploration scientifique de l'Algérie pendant les années 1840, 1841 et 1842, publiée par ordre du gouvernement. *Paris*, *Impr. royale*, 1846, 2 vol. et livraisons in-4, br. planches en coul.

G. Aimé. Physique générale, 2 vol. — Bory de Saint-Vincent. Botanique, 5 livraisons. — Lucas. Histoire nat. des animaux articulés, 12 livr. — Deshayes. Histoire nat. des mollusques, 9 livr., et archéologie par M. Delamare, 32 livr.

727. Exploration scientifique de l'Algérie. — Beaux-arts, architecture et sculpture, par Amable Ravoisié. *Paris*, *Firmin-Didot fr.*, 1846, 5 livr. gr. in-fol.

728. André Brue, ou l'Origine de la colonie française du Sénégal, par Etienne-Félix Berlioux. *Paris*, *Guillaumin*, 1874, gr. in-8 br. Carte.

IV. HISTOIRE ÉTRANGÈRE.

729. Cours d'histoire des temps modernes, par M. Antonin Macé. *Nantes et Paris,* 1840, 3 vol. in-8, demi-rel. veau antiq.

730. Handbuch der Geschichte des Europaischen Staatensystems, und seiner Colonien, von A.-L. Heeren. *Wien,* 1817, in-8, demi-rel. v. antiq.

731. Atlas historique des États européens, composé d'une suite de cartes géographiques et de tableaux chronologiques et généalogiques, par Chr. et Fr. Kruse. *Paris, L. Hachette,* 1836, in-fol. demi-rel. maroq. rouge.

732. Histoire d'Espagne depuis les premiers temps historiques jusqu'à la mort de Ferdinand VII, par M. Rosseeuw Saint-Hilaire. *Paris, Furne,* 1844-1852, 6 vol. in-8 (tomes I à VI), demi-rel. v.

733. Essai sur l'histoire des Arabes et des Mores d'Espagne, par L. Viardot. *Paris, Paulin,* 1833, 2 tomes en 1 vol. in-8, demi-rel. maroq. rouge.

734. L'Espagne depuis le règne de Philippe II jusqu'à l'avénement des Bourbons, par M. Ch. Weiss. *Paris, L. Hachette,* 1844, 2 vol. in-8, demi-rel. v. fauve.

735. Histoire du règne de l'empereur Charles-Quint, par W. Robertson, traduite de l'anglais par J.-B. Suard. *Paris, Janet et Cotelle,* 1817, 4 vol. in-8, cart.

736. Histoire d'Angleterre depuis l'invasion de Jules César, par David Hume (et continuée jusqu'à 1820). *Paris, Janet et Cotelle,* 1819-1822, 22 vol. in-8, demi-rel. v. viol.

737. Geschichte des englischen Reiches, von Karl-Friedrich Neumann. *Leipzig, A. Brockaus,* 1857, 2 vol. in-8, demi-rel. v. fauve.

738. Les Quatre Conquêtes de l'Angleterre, son histoire et ses institutions sous les Romains, les Anglo-Saxons, les Danois et les Normands, depuis Jules César jusqu'à la mort de Guillaume le Conquérant, par Emile de Bonnechose. *Paris, Didier,* 1852, 2 vol. in-8, demi-rel. v. vert.

739. Histoire de la conquête de l'Angleterre par les Normands, par Augustin Thierry. *Paris, Just Teissier,* 1838, 4 vol. in-8, figures, v. bleu fil. à compart. tr. dor. et atlas in-4.

740. Histoire de la conquête de l'Angleterre par les Normands. *Paris, Furne,* 1860, 4 vol. in-12 br. portrait.

741. Richard II, épisode de la rivalité de la France et de l'Angleterre, par H. Wallon. *Paris, L. Hachette,* 1864, 2 vol. in-8, demi-rel. mar. brun.

742. Histoire de Jane Grey, par J.-M. Dargaud. *Paris, L. Hachette,* 1863, in-8, demi-rel. v. bleu.

743. Histoire d'Élisabeth d'Angleterre, par J.-M. Dargaud. *Paris, A. Lacroix-Verboeckowen,* 1866, gr. in-8, br.

744. Histoire de Marie Stuart, par J.-M. Dargaud. *Paris, Firmin-Didot fr.,* 1850, 2 vol. in-8, demi-rel. v. fauve.

745. Marie Stuart et Catherine de Médicis, étude historique sur les relations de la France et de l'Écosse, par A. Chéruel. *Paris, L. Hachette,* 1858, in-8, demi-rel. v. vert.

746. Œuvres choisies de Vico, précédées d'une introduction sur sa vie et ses ouvrages, par M. Michelet. *Paris, L. Hachette,* 1835, 2 vol. in-8, figure au trait, demi-rel. v. viol.

747. Vico et l'Italie, par J. Ferrari. *Paris,* 1839, in-8, demi-rel. v. vert.

748. Recherches sur les monuments et l'histoire des Normands et de la maison de Souabe dans l'Italie méridionale, publiées par les soins de M. le duc de Luynes, texte par A. Huillard-Bréholles, dessins par Victor Baltard, architecte. *Paris, Panckouke,* 1844, in-folio, demi-cart. perc. viol. (35 planches).

749. Histoire des républiques italiennes du moyen âge, par J.-C.-L. Simonde de Sismondi. *Paris, Nicolle,* 1809-1826, 16 vol. in-8, demi-rel. v. rouge.

750. Vie de Laurent de Médicis, surnommé le Magnifique, traduite de l'anglais de William Roscoe, par François Thurot. *Paris, an VII,* 2 vol. in-8, demi-rel. v. antiq.

751. Vie et pontificat de Léon X, par William Roscoe, ouvrage traduit de l'anglais par P.-F. Henry. *Paris,* 1813, 4 vol. in-8, portrait et médaille, demi-rel. v. antiq.

752. Histoire de la république de Venise, par P. Daru. *Paris, Firmin-Didot,* 1821, 8 vol. in-8, demi-rel. v. antiq.

753. Histoire de la lutte des papes et des empereurs de la maison de Souabe, par C. de Cherrier. *Paris, A. Courcier, s. d.,* 4 vol. in-8, demi-rel. v.

754. Vie et correspondance de Pierre de la Vigne, ministre de l'empereur Frédéric II, avec une étude sur le mouvement réformiste au XIIIe siècle, par A. Huillard-Bréholles. *Paris, Henri Plon,* 1864, in-8, br.

755. Études sur la révolution en Allemagne, par M. Saint-René Taillandier. *Paris, A. Franck*, 1853, 2 vol. in-8, demi-rel. v. viol.

756. Histoire de Frantz de Sickingen, chevalier allemand du XVIe siècle, par E. de Bouteiller. *Metz*, 1860, gr. in-8, br. figures.

757. Études contemporaines sur l'Allemagne et les pays slaves, par Ed. Laboulaye. *Paris*, 1856, in-12, br.

758. Allemagne et Russie, étude historique et littéraire, par Saint-René Taillandier. *Paris*, 1856. — Alfred Jacobs. L'Afrique nouvelle. *Paris*, *Didier*, 1862 (carte coloriée). — L'Océanie nouvelle, colonies, migrations, mélanges. *Paris*, 1861; ens. 3 vol. in-12, br.

759. La Russie et l'Europe, par Henri Martin. *Paris, Furne et Jouvet*, 1866, gr. in-8, br.

760. Athènes aux XVe, XVIe et XVIIe siècles, d'après des documents inédits, par M. le comte de Laborde. *Paris, J. Renouard*, 1854, 2 vol. gr. in-8, br. gravures, eaux-fortes, cartes.

761. La Grèce contemporaine, par Edmond About. *Paris, L. Hachette*, 1854, in-12, demi-rel. v. vert.

762. De la Turquie et des États musulmans en général, par le comte d'Escayrac de Lauture. *Paris, Amyot*, 1858, in-8, broch.

763. Histoire de l'île de Chypre sous le règne des princes de la maison de Lusignan, par M. L. de Mas-Latrie. *Paris, Impr. impériale*, 1861, 3 vol. in-4, demi-rel. maroq. rouge, fleurons.

Les tomes II et III sont brochés.

764. Le Danemark à l'exposition universelle de 1867, publié par la commission danoise. *Paris, C. Reinwald*, 1867, in-8, broch.

765. Mélanges posthumes d'histoire et de littérature orientales, par M. Abel Rémusat. *Paris, Imprimerie royale*, 1843, in-8, demi-rel. v. fauve.

766. Geschichte von Ost-Asien für Freunde der Geschichte der Menscheit dargestellt, von Dr Johann-Ernst-Rudolph Kaeuffer. *Leipzig, F. Brockaus*, 1858, 3 vol. in-8, demi-rel. v. viol.

767. Études asiatiques de géographie et d'histoire, par Léon de Rosny. *Paris, Challemel*, 1864, in-8, br.

768. Histoire d'Arménie, par le patriarche Jean VI, dit Jean Catholicos, traduite de l'arménien en français par M. J. Saint-Martin. *Paris, Impr. royale*, 1841, in-8, br.

769. Essai sur l'histoire des Arabes avant l'islamisme, pendant l'époque de Mahomet et jusqu'à la réduction de toutes les tribus sous la loi musulmane, par A.-P. Caussin de Perceval. *Paris, Firmin-Didot fr.*, 1847, 3 vol. in-8, demi-rel. maroq. viol.

770. Essai sur la domination française en Syrie durant le moyen âge, par E.-G. Rey. *Paris*, 1866, br. in-4 de 49 pages.

771. Cartulaire de l'église du Saint-Sépulcre de Jérusalem, publié d'après les manuscrits du Vatican, par Eugène de Rozières. *Paris, Impr. nationale*, 1849, in-4, demi-rel. maroq. viol.

772. Histoire des Samanides, par Mirkhond, texte persan, traduit et accompagné de notes critiques, historiques et géographiques par M. Defrémery. *Paris, Impr. royale*, 1845, in-8, demi-rel. maroq. vert.

773. Mémoires de Baber (Zahir-ed-Din Mohammed), fondateur de la dynastie mongole dans l'Hindoustan, traduits pour la première fois sur le texte djagatai, par A. Pavet de Courteille. *Paris, Maisonneuve*, 1871, 2 vol. gr. in-8, br.

774. Mœurs, institutions et cérémonies des peuples de l'Inde, par M. l'abbé J.-A. Dubois. *Paris, Impr. royale*, 1825, 2 vol. in-8, demi-rel. v. antiq.

775. La Chine, description générale, par J.-F. Davis; ouvrage traduit de l'anglais par A. Pichard. *Paris, Paulin*, 1837, 2 vol. in-8, demi-rel. mar. viol.

776. Histoire de la campagne de Mohacz, par Kémal-Pacha-Zadeh, publiée avec la traduction française et des notes par M. Pavet de Courteille. *Paris, Impr. impériale*, 1859, gr. in-8, br.

777. Étude sur la conquête de l'Afrique par les Arabes, et recherches sur les tribus berbères qui ont occupé le Maghreb central, par Henri Fournel. *Paris, Impr. impériale*, 1857 (première partie), in-4, br.

778. Histoire des Berbères et des dynasties musulmanes de l'Afrique septentrionale, par Ibn-Khaldoun, traduite de l'arabe par M. le baron de Slane. *Alger*, 1852-1856, 4 vol. in-8, demi-rel. maroq. viol.

779. The History of America, by William Roberston. *London*, 1777, 2 vol. in-4, v. rac.

780. Étude sur les rapports de l'Amérique et de l'ancien continent avant Christophe Colomb, par Paul Gaffarel. *Paris, Ern. Thorin*, 1869, in-8, br.

781. Tyrannies et cruautez des Espagnols perpetrées es Indes occidentales qu'on dit le nouveau monde, brievement descrites en langue castillane par l'evesque don frère Bartelemy de Las Casas, Espagnol de l'ordre de Saint-Dominique, fidelement traduites par Jaques de Miggrode. *A Paris, par Guill. Julien*, 1582, in-8 parch.

782. Quatre Lettres sur le Mexique, par M. Brasseur de Bourbourg. *Paris, Durand et Pédone*, 1868, gr. in-8, demi-rel. maroq. vert, fleurons.

783. Puissance militaire des États-Unis d'Amérique d'après la guerre de la sécession, 1861-1865, par F.-P. Vigo-Roussillon. *Paris, J. Dumaine*, 1866, in-8, carte demi-rel. maroq. brun.

784. L'Oyapoc et l'Amazone : question brésilienne et française par Joaquim Caetano da Silva. *Paris, L. Martinet*, 1861, 2 vol. gr. in-8, br.

V. ARCHÉOLOGIE.

785. BULLETTINO dell'instituto di Corrispondenza archeologica 1829 a 1835, 1840, 1842 et 1848 à 1853, 15 vol. — ANNALI dell'instituto di corrispondenza archeologica, 1829 a 1835, 7 vol. en 15 fascicules, tomes XII, XIV, XVI, XX à XXV, 1841 à 1853, 9 vol. — NOUVELLES ANNALES publiées par la section française de l'Institut archéologique. *Paris*, 1836-1850, tomes I, II, XIII, XV, XVII, XIX, 9 vol.; ens. 44 vol. in-8, broch. — MONUMENTS INÉDITS, 14 atlas in-folio en feuilles.

786. Monuments de l'art antique d'après le choix et l'arrangement de Ch.-O. Müller, dessinés et gravés par Charles Œsterley. *Gottingue*, 1832, 5 livr. in-4 oblong, texte et 74 planches au trait.

787. Essais d'appréciations historiques, ou examen de quelques points de philosophie, de géographie, d'archéologie et d'histoire, par J. Bergey de Xivrey. *Paris, Desforges*, 1837, 2 tomes en 1 vol. in-8, demi-rel. v. antiq.

788. Mélanges archéologiques et littéraires, par M. Edelestand du Méril. *Paris, Franck*, 1850, in-8, demi-rel. veau viol.

789. Études d'archéologie et d'histoire, par M. H. Fortoul. *Paris, Firmin-Didot fr.*, 1854, 2 vol. in-8, demi-rel. veau vert.

790. Mélanges académiques d'histoire et d'archéologie, par A. Germain. *Montpellier*, 1860, in-4, demi-rel. maroquin noir.

791. Mémoires lus à la Sorbonne. *Paris, Impr. impériale*, 1864-1869, 13 vol. in-8, br.

792. Essai sur les systèmes métriques et monétaires des anciens peuples, par Don V. Vasquez Queipo. *Paris, Dalmont et Dunod*, 1859, 2 vol. — Première partie des tables, monnaies grecques. — Deuxième partie des tables, monnaies romaines. — Ens. 4 vol. gr. in-8, br.

793. Studien. — Herausgegeben von Carl. Daub und Friedrich Creuzer. *Frankfurt und Heidelberg*. 1805, 6 vol. in-8, demi-rel. v. rose.

794. Cours d'archéologie, professé par M. Raoul-Rochette. *Paris, Eug. Renduel*, 1828, in-8, demi-rel. v. fauve.

795. Studien des classischen Alterthums; akademische Abhandlungen, von Ernst von Lasaulx. *Regensburg*, 1854, in-4, demi-rel. maroq. bleu.

796. Revue archéologique. — Tirage à part d'articles de MM. C. Wescher, Aug. Mariette, F. de Saulcy, L. Heuzey, Noël des Vergers, de Vogüé, H. Vincent, Adr. de Longpérier, Ed. Tournier, J. de Rougé, Fr. Lenormant, Robiou, Lebègue, H. Martin, A. Chabouillet, J. Oppert, E. Milher, Ch. Thurot, H. Waddington, G. Boissier, etc.; ens. 63 br. in-8.

797. Brochures d'antiquités, d'histoire et d'archéologie; ens. 15 vol. et br. in-4.

Mémoire sur les observations astronomiques de Callisthène. — Notice sur l'arc d'Orange et des théâtres antiques d'Orange et d'Arles. — Essai sur la géographie astronomique du Prométhée d'Eschyle, par M. Eug. Thomas. — Mémoire sur les systèmes géographiques des Grecs et des Romains, par M. Sédillot. — Mémoire sur les vases panathénaïques, par P.-O. Brondsted. — Charles VIII et les premières guerres d'Italie, par H. Wallon. — Réponse à un mémoire sur la mer Morte, par M. E. Quatremère. — Choix de textes cunéiformes, études accadiennes, par François Lenormant. — Commentaire historique et chronologique sur les éphémérides intitulées : *Diurnali di messer Matteo di Giovenazza*, par H.-D. de Luynes. — Notes sur l'origine de nos chiffres et sur l'abacus des pythagoriciens, par A.-J.-H. Vincent, etc.

798. Brochures d'antiquités, de beaux-arts, d'histoire et d'archéologie. — Réunion de 42 brochures ou vol. in-8 et in-12.

Recherches épigraphiques en Grèce, par M. Wescher, 1863. — L'École d'Athènes, par Em. Vinet, 1854. — Du lieu de la bataille entre Labiénus et les Parisiens, par J. Quicherat, 1852. — Documents sur l'art d'imprimer en Chine, par Stanislas Julien. — Les Mérovingiens d'Aquitaine, par M. Rabanis, 1856. — Aperçus nouveaux sur l'histoire de Jeanne d'Arc, par J. Quicherat, 1850. — Analogie de la langue des Goths et des Franks avec le sanscrit, par L. de Baecker, 1858. — Etudes paléographiques sur l'alphabet pehlevi, par M. F. Lenormant, 1865. — La science de l'invisible, par Ch. Lévêque, 1865. — Histoire de la statuaire antique, par L. Waffier, 1862. — Rapport sur l'exploration archéologique de la Cilicie et de la Petite Arménie, par M. V. Langlois, 1854. — Mémoire sur trois inscriptions d'Olympie, par M. E. Beulé. — Essai sur l'histoire de l'instruction publique en Chine, par Ed. Biot, 1845. — Recherches sur la chronologie des empires de Ninive, de Babylone et d'Ecbatane, par M. de Saulcy. — Etude de la religion phrygienne de Cybèle. — Recherches sur les associations politiques chez les Romains, par M. Roulez, etc.

799. Brochures d'antiquités, d'histoire et d'archéologie ; ens. 23 vol. ou br. in-4.

Damiron. — Mémoire sur Bayle et ses doctrines. — Mémoire sur Spinoza et sa doctrine. — De l'origine des traditions sur le christianisme de Boèce, par Ch. Jourdain. — Hercule et Nessus, peinture d'un vase de Ténée. — Essai sur les rapports qui existent entre les apologues de l'Inde et les apologues de la Grèce, par A. Wagener. — Sur le mythe de Dédale, par M. Roulez. — De Nemesi Græcorum scripsit Christianus Walz. — Mémoire sur le parti persan dans la Grèce ancienne et le procès de Thémistocle, par M. de Koutorga. — Mémoire sur l'état moral et religieux de la société romaine à l'époque de l'apparition du christianisme, par M. Filon. — Du succin, de ses noms divers et de ses variétés suivant les anciens, par Th.-H. Martin. — Commentaire de Jean Scot Erigène sur Martianus Capella, manuscrit de Saint-Germain des Prés, n° 1110. — Mémoire sur une inscription métrique trouvée à Athènes par Ph. le Bas. — Mémoire sur la poliorcétique des Perses, par M. Dureau de la Malle. — Rapport sur une inscription crétoise, par M. Ph. le Bas, etc.

800. Archéologie. — Recherches sur le nom égyptien de Thèbes, par F. Chabas. — Les Papyrus hiératiques de Berlin. — Rapport sur l'état actuel de la géographie du Mexique, par M. Vivien de Saint-Martin, 1865. — Les Voies romaines en Gaule, par Alex. Bertrand. — Carte de la Gaule sous le proconsulat de César, par le général Creuly. — Apollon Cillæus, par J. de Witte. — Rapports sur des recherches épigraphiques en Grèce, dans l'Archipel, en Asie-Mineure et sur les fouilles d'Aptère dans l'île de Crète, par C. Wescher. — Explication du symbolisme des terres cuites grecques de destination funéraire, par E.-Prosper Biardot. — Ens. 8 broch. in-8.

801. Musée Blacas. Monuments grecs, étrusques et romains, publiés par M. Théodore Panofka. *Paris,* 1830, livraisons 1-2, in-folio.

802. Description des antiquités et objets d'art qui composent le cabinet de feu M. le chev. E. Durand. *Paris,* 1836, gr. in-8, br.

803. Choix de vases peints du musée d'antiquités de Leide, publiés et commentés par J. Roulez. *Gand*, 1854, texte en feuilles et 20 planches en couleurs dans un carton in-folio.

804. Description des antiquités et objets d'art contenus dans les salles du palais des Arts de la ville de Lyon, par le Dr A. Comarmond. *Lyon*, 1855-1857, in-4. 28 planches gravées demi-rel. maroq. rouge.

805. Bulletin archéologique du musée Parent. *Paris, J. Claye*, 1867, livr. 1 in-folio.

806. Élite des monuments céramographiques, matériaux pour l'histoire des religions et des mœurs de l'antiquité, rassemblés et commentés par Ch. Lenormant et J. de Witte. *Paris, Leleux*, 1865, 4 vol. in-4 en 145 livr.

Ouvrage incomplet. Les premières livraisons manquent.

807. Archéologie céramique et sépulcrale, ou l'Art de classer les sépultures anciennes à l'aide de la céramique, par M. l'abbé Cochet. *Paris*, 1860, br. in-4, 8 planches.

808. Description de quelques vases peints étrusques, italiotes, siciliens et grecs, par H.-D. de Luynes. *Paris, Firmin-Didot fr.*, 1840, texte et 45 planches in-folio en ff.

809. Antiquités grecques, antiquités romaines, ou Tableau des mœurs, usages et institutions des Grecs et des Romains. *Paris, Verdière*, 1818-1822; ens. 4 vol. in-8, rel.

810. Lehrbuch der griechischen Antiquitäten, von Dr K.-F. Hermann. *Heidelberg*, 1841, 2 vol. in-8, demi-rel. v. antiq.

811. Der Appollotempel zu Bassæ in Arcadien und die daselbst ausgegrabenen Bildwerke dargestellt und erläutert durch O.-M. Baron von Stackelberg. *Rom.*, 1826, gr. in-fol. en ff., texte et planches sur papier vélin fort.

Trente planches gravés.

812. Mémoire sur les peintures que Polygnote avait exécutées dans la Lesché de Delphes, par Ch. Lenormant. *Bruxelles*, 1864, in-4. br.

813. Fouilles exécutées à Thèbes dans l'année 1855. Textes hiéroglyphiques et documents inédits, par J.-B. Green. *Paris, Firmin-Didot fr.*, 1855, in-fol. br. 11 planches avec texte.

814. Fouilles et découvertes, résumées et discutées en vue de l'histoire de l'art, par M. Beulé. *Paris, Didier*, 1873, 2 vol. in-8, br.

815. Argos Panopter, von dr Theodor Panofka. *Berlin*, 1838, in-4 cart. de 47 pages et 4 planches.

816. Kypros. — Eine Monographie, von Wilh.-H. Engel. *Berlin*, 1841, 2 vol. in-8, demi-rel. v. fauve.

817. Le Mont Olympe et l'Acarnanie, exploration de ces deux régions avec l'étude de leurs antiquités, de leurs populations anciennes et modernes, de leur géographie et de leur histoire, ouvrage accompagné de planches, par L. Heuzey. *Paris, Firmin-Didot fr.*, 1860, gr. in-8, demi-rel. maroq. rouge.

818. Recherches archéologiques à Éleusis, exécutées dans le cours de l'année 1860 par Fr. Lenormant. — Recueil des inscriptions. *Paris, L. Hachette*, 1862, in-8, demi-rel. mar. brun.

819. Mémoire sur les ruines et l'histoire de Delphes, par M. Foucart. *Paris, Impr. impériale*, 1865, in-8, br.

820. Dissertation sur une statue d'or du roi inconnu Acès ou Acas, par A. Chabouillet. *Paris*, 1866, br. in-8 de 63 pages (planche).

821. L'Exaltation de la fleur, bas-relief grec de style archaïque trouvé à Pharsale, par M. L. Heuzey. *Paris, Impr. impériale*, 1868, br. in-4 de 35 pages.

822. Ouvrages de M. Rossignol, de l'Institut. — Examen critique de l'histoire des classes ouvrières et des classes bourgeoises de M. Granier de Cassagnac. — Examen critique d'une nouvelle édition des paradoxographes grecs. — Dissertation sur l'Adonis de Praxilla, etc., in-4 et in-8, broch.

823. Mémoire sur le calendrier des Lagides à l'occasion de la découverte du décret de Canope, par M. A.-J.-H. Vincent. *Paris, Impr. impériale*, 1869, br. in-4 de 42 pages.

824. Le Palais impérial de Constantinople et ses abords : Sainte-Sophie, le forum Augustéon et l'hippodrome tels qu'ils existaient au xe siècle, par Jules Labarthe. *Paris, V. Didron*, 1861, in-4, br. 3 planches.

825. L'Étrurie et les Étrusques, ou Dix Ans de fouilles dans les maremmes toscanes, par A.-Noël des Vergers. *Paris, Firmin-Didot*, 1862-1864, 2 vol. gr. in-8, br.

826. Friedrich Creuzer. — Abriss der römischen Antiquitäten zum Gebrauch bei Vorlesungen. *Leipzig, und Darmstadt*, 1829, in-8, demi-rel. maroq. viol.

827. Essai sur la topographie du Latium, par Ern. Desjardins. *Paris, Aug. Durand*, 1854, in-4, br.

828. Romanum Museum, sive thesaurus eruditæ antiquitatis; adjectis in hac tertia Romana editione plurimis annotatio-

nibus et figuris, opera et studio Michaelis Angeli Causei de la Chausse. *Romæ*, 1746, 2 vol. in-fol. cart. n. rog.

829. Antiquités de Rheinzabern, par M. feu Schweighæuser, publiées par M. Matter. *Strasbourg*, *s. d.*, 15 planches lithogr. au trait, in-4.

830. Nouvelles Observations sur le grand bas-relief mithriaque de la collection Borghèse, actuellement au musée royal de Paris, par M. Félix Lajard. *Paris*, *Firmin-Didot*, 1828, br. in-4 de 41 pages.

831. Écrin d'une dame romaine trouvé à Lyon en 1841. Description par M. le Dr A. Comarmond. *Paris et Lyon*, 1844, br. in-4 de 48 pages, plus 4 planches.

832. De Tabulis alimentariis disputationem historicam, etc., authore Ernest Desjardins. *Parisiis*, *Aug. Durand*, 1854, in-4, br.

833. L'Alésia de César maintenue dans l'Auxois. Réponse à M. J. Quicherat, par M. Rossignol. *Dijon*, 1857, br. in-4 de 29 pages.

834. De l'Administration des postes chez les Romains, par M. Naudet. *Paris*, *Impr. impériale*, 1858, br. in-4 de 75 pages.

835. Bougeoir romain; des chandeliers, bougeoirs et lanternes chez les Romains, par M. Eug. Chatel. *Caen*, 1861, br. in-4 de 20 pages.

836. De la Noblesse chez les Romains, par M. Naudet. *Paris*, *Impr. impériale*, 1868, br. in-4 de 106 pages.

837. L'Assistance médicale chez les Romains, par M. le docteur René Briau. *Paris*, *Impr. impériale*, 1870, br. in-4 de 90 pages.

838. Catacombes de Rome. Architecture, peinture murale, inscriptions, figures et symboles des pierres sépulcrales, verres gravés sur fond d'or, etc.; lampes, vases, anneaux, instruments, etc., des cimetières des premiers chrétiens, par Louis Perret; ouvrage publié sous la direction d'une commission composée de MM. Ampère, Ingres, Mérimée, Vitet. *Paris*, *Gide et Baudry*, 1853, gr. in-fol. broché (texte).

839. Sopra alcune antichità sarde ricavate da un manoscritto del XV secolo memoria del luogotenente generale Alberto della Marmora. *Torino*, 1853, in-4, cart.

840. Fouilles à Carthage aux frais et sous la direction de M. Beulé. *Paris*, *Impr. impériale*, 1861, in-4 br. (6 planches).

841. Répertoire archéologique du département de l'Aube, par M. d'Arbois de Jubainville. — De l'Oise, par M. Emm.

Voillez. — Du Tarn, par M. Hippolyte Crozes. — De l'Yonne, par M. Max Quantin. — Et de la Seine-Inférieure, par M. l'abbé Cochet. *Paris, Impr. impériale*, 1861-1872; ens. 5 vol. in-4 br.

842. Sépultures gauloises, romaines et franques du Tarn, suivies de la carte archéologique de cette contrée, par M. Alfr. Caraven-Cachin. *Castres*, 1873, gr. in-8 broché (4 planches).

843. Mémoire sur les bronzes antiques de Neuvy en Sullias, par P. Mantellier. *Paris, Rollin et Feuardent*, 1865, in-4 br. 12 planches, dessins en coul. de Ch. Sensée.

844. La Chasse à la haie, par Peigné-Delacourt. *Paris*, 1858, br. in-4 de 43 pages, figures.

845. La Mosaïque des promenades et autres trouvées à Reims. Etude sur les mosaïques et sur les jeux de l'amphithéâtre, par M. Ch. Loriquet. *Reims*, 1862, gr. in-8 broch. (planches).

846. Lettres archéologiques sur Marseille, par M. J.-B. Lautard. *Marseille*, 1844, in-8, demi-rel. v. viol.

847. Les Trésors de la Provence exposés à Marseille en 1861, par Marius Chaumelin. *Marseille*, 1862. — Notice sur les jetons d'Artois, par L. Deschamps de Pas. *Bruxelles*, 1863. — Recherches des anciens vestiges germaniques en Dauphiné, par M. A. Fauché-Prunelle. *Grenoble*, 1863. — Notice sur la découverte des restes de l'autel d'Auguste à Lyon, par E.-C. Martin-Daussigny. *Lyon*, 1863; ens. 4 br. in-8.

848. Auguste Pelet. — Catalogue du musée de Nîmes. — Notice historique sur la Maison-Carrée. — Essai sur la destination première de la Maison-Carrée. *Nîmes*, 1862-1863, in-8 br. et br. in-8.

849. Recherches asiatiques, ou mémoires de la société établie au Bengale pour faire des recherches sur l'histoire et les antiquités, les arts, les sciences et la littérature de l'Asie, traduits de l'anglais par A. Labaume. *Paris, Impr. impériale*, 1805, 2 vol. in-4, planches et fac-simile, demi-rel. v. viol.

850. Mélanges d'archéologie orientale, par le comte de Vogüé. *Paris, Impr. impériale*, 1868, gr. in-8 br. (planch.).

851. Fr.-G. Welcker. — Zoegas Leben. *Stuttgard und Tubingen*, 1819, 2 vol. — Georg. Zoegas Abhandlungen. *Goettingen*, 1817, 1 vol.; ens. 3 vol. gr. in-8, demi-rel. v. fauve.

852. Lettres à M. le duc de Blacas d'Aulps, premier gentilhomme de la chambre, pair de France, etc., relatives au musée royal égyptien de Turin, par M. Champollion le jeune. *Paris, Impr. Firmin-Didot père*, 1824, in-8, demi-rel. v. bleu.

853. Lenormant (Ch.). — Éclaircissements sur le cercueil du roi Memphite Mycerinus, traduits de l'anglais et accompagnés de notes, 1839. — Mémoire sur l'Alésia des Commentaires de César et sur les antiquités d'Alise Sainte-Reine (Côte-d'Or), 1860. — Les Marbres d'Eleusis, 1860. — Essai sur le texte grec de l'inscription de Rosette, 1840. — Le Tombeau de M. Lenormant à Athènes; ens. 5 broch. in-4.

854. Notice des monuments exposés dans la galerie d'antiquités égyptiennes au musée du Louvre, par Emmanuel de Rougé. *Paris*, 1849, in-8, br. papier de Hollande.

855. Recherches critiques, historiques et géographiques sur les fragments d'Héron d'Alexandrie, ou du système métrique égyptien (ouvrage posthume de M. Letronne), revu et publié par A.-J.-H. Vincent. *Paris, Impr. nationale*, 1851, in-4, br.

856. Biot. — Recherches de quelques dates absolues qui peuvent se conclure des dates vagues inscrites sur des monuments égyptiens, 1853. — Notice sur les manuscrits inédits du père Gaubil et du père Amiot. — Récit de l'expédition anglaise en Chine depuis son origine (1840) jusqu'en août 1840. — Sur un exposé de la lune, rédigé par un auteur arabe du xe siècle. — Sur un calendrier astronomique et astrologique trouvé à Thèbes en Egypte; ens. 2 vol. in-4 br. et 3 br. in-4.

857. Mémoire sur le Sérapeum de Memphis, par M. Brunet de Presles. *Paris, Impr. nationale*, 1852, broch. in-4 de 29 pages.

858. Mémoire sur la mère d'Apis, par Aug. Mariette. *Paris, Gide et Baudry*, 1856, br. in-4 de 62 pages.

859. Nouvelles Recherches sur le calendrier des anciens Egyptiens, sa nature, son histoire et son origine, par feu M. Letronne. *Paris, Impr. impériale*, 1863, in-4, br.

860. Recherches sur les monuments qu'on peut attribuer aux six premières dynasties de Manéthon, par M. le vicomte Emmanuel de Rougé. *Paris, Impr. impériale*, 1866, in-4 br. planches.

861. Mémoire sur les monuments d'Aâraq-el-Emyr, par

M. de Saulcy. *Paris, Impr. impériale*, 1867, br. in-4 de 36 pages de texte et 8 planches.

62. Lettres écrites d'Égypte et de Nubie en 1828 et 1829, par Champollion le jeune. *Paris, Didier*, 1868, gr. in-8, demi-rel. maroq. rouge.

863. Lettres de M. Botta sur ses découvertes à Khorsabad, près de Ninive, publiées par M. J. Mohl. *Paris, Impr. royale*, 1845, in-8, demi-rel. maroq. viol. (55 planches.)

864. Indische Alterthumskunde, von Christian Lassen. *Bonn*, 1847, 4 vol. gr. in-8, demi-rel. maroq. vert.

865. Monument de Ninive, découvert et décrit par M. P.-E. Botta, mesuré et dessiné par M. E. Flandrin, ouvrage publié par ordre du gouvernement et sous la direction d'une commission de l'Institut. *Paris, Gide*, 1851. Ouvrage formant 5 vol. en 91 livraisons gr. in-fol.

Manque la livraison 62-63, et la livraison 72-73 est en double.

866. Recherches sur l'emplacement véritable du tombeau d'Hélène, reine d'Adiabène, par F. de Saulcy. *Paris, imprimerie de Claye*, 1869, br. in-4 de 45 pages avec une carte-plan.

867. Notice des monuments exposés dans la salle des antiquités américaines (Mexique et Pérou) au musée du Louvre, par Adr. de Longpérier. *Paris*, 1850, gr. in-8, br. papier de Hollande.

VI. INSCRIPTIONS.

868. Mélanges d'épigraphie, par Léon Renier. *Paris, Firm.-Didot fr.*, 1854, gr. in-8, demi-rel. maroq. viol.

869. Œuvres complètes de Bartolomeo Borghesi. *Paris, Impr. impériale*, 1862-1872, 8 vol. in-4. Les quatre premiers vol. demi-rel. maroq. violet, les quatre derniers brochés.

870. Inscriptions grecques et latines recueillies en Grèce par la commission de Morée, et expliquées par Ph. le Bas. — 2e cahier, Laconie. — 3e cahier, Argolide. — 5e cahier, Iles de la mer Egée. *Paris, Firmin-Didot fr.*, 1836-1839 ; ens. 4 vol. in-8, br.

871. Letronne. — Explication d'une inscription grecque trouvée dans l'intérieur d'une statue antique de bronze, avec des observations sur quelques points de l'histoire de l'art chez les anciens, 1843, br. in-4 de 48 pages. — Deux

inscriptions dédiées au dieu Soleil Mithra, par le Pannonien Marc-Aurèle Sabinus, 1848, br. in-4 de 26 pages.

872. Inscriptions grecques, romaines, byzantines et arméniennes de la Cilicie, recueillies par Victor Langlois. *Paris, A. Leleux*, 1854, br. in-4 de 58 pages.

873. Étude sur le monument bilingue de Delphes, suivie d'éclaircissements sur la découverte du mur oriental, avec le texte de plusieurs inscriptions inédites relatives à l'histoire des amphictions, un plan du temple d'Apollon Pythien et une carte du territoire sacré de Delphes, par C. Wescher. *Paris, Impr. impériale*, 1868, in-4, br.

874. École française d'Athènes. — Inscriptions recueillies à Delphes, et publiées pour la première fois par C. Wescher et P. Foucart. *Paris, Firm.-Didot fr.*, 1863, gr. in-8, br.

875. Recueil des inscriptions grecques et latines de l'Égypte par M. Letronne. *Paris, Impr. royale*, 1842, in-4 (tome Ier) et atlas gr. in-4 cart.

876. Inscriptions romaines de l'Algérie, recueillies et publiées par M. Léon Renier. *Paris, Imprimerie impériale*, 1858. Quatorze premières livraisons in-4 formant le tome Ier.

877. Mémoire sur des fragments de papyrus écrits en latin, par M. Natalis de Wailly. *Paris, Impr. royale*, 1842, br. in-4 de 27 pages (fac-simile).

878. Les Tables eugubines, texte, traduction et commentaire, avec une grammaire et une introduction historique, par Michel Bréal. *Paris, F. Wieveg*, 1875, in-8, br.

879. Les Tables eugubines, étude sur les origines du peuple et de la langue d'une province de l'Italie, par L. de Bæcker. *Paris, Durand*, 1867, gr. in-8, br.

880. Description du musée lapidaire de la ville de Lyon. — Epigraphie antique du département du Rhône, par le Dr A. Comarmond. *Lyon*, 1846-1854, in-4, 19 planches gravées demi-rel. maroq. rouge.

881. Mémoire sur deux inscriptions cunéiformes trouvées près d'Hamadan. par M. Eug. Burnouf. *Paris, Imprimerie royale*, 1836, in-4, br.

882. Recherches analytiques sur les inscriptions cunéiformes du système médique, par M. F. de Saulcy. *Paris, Impr. nationale*, 1850, in-8, demi-rel. v. viol.

883. Les Inscriptions de Doursarkakan (Khorsabad) provenant des fouilles de M. Victor Place, déchiffrées et inter-

prétées par J. Oppert. *Paris*, *Impr. impériale*, 1870, br. gr. in-fol.

884. Analyse grammaticale du texte démotique du décret de Rosette, par F. de Saulcy. *Paris*, *Firm.-Didot fr.*, Première partie, in-4, br.

885. Deux Lettres à Mylord, comte d'Aberdeen, sur l'authenticité des inscriptions de Fourmont, par M. Raoul-Rochette. *Paris*, *Impr. royale*, 1819, in-4, br.

886. Étude sur une stèle égyptienne appartenant à la Bibliothèque impériale, par M. le vicomte E. de Rougé. *Paris*, *Impr. impér.* 1858, gr. in-8, br.

887. Mémoire sur l'inscription du tombeau d'Ahmès, chef des nautoniers, par M. Emm. de Rougé. *Paris*, *Impr. nationale*, in-4, br. Planches.

888. Le Stèle de Mésa, roi de Moab. Lettre à M. le comte de Vogüé, par Ch. Clermont-Ganneau. *Paris*, *Baudry*, 1870, br. in-4 de 10 pages et 2 cartes.

889. Mémoire sur le sarcophage et l'inscription funéraire d'Esmunazar, roi de Sidon, par H. d'Albert de Luynes. *Paris*, *H. Plon*, 1856, in-4, cart.

890. Les Fastes de Sargon, roi d'Assyrie, traduits et publiés d'après le texte assyrien de la grande inscription des salles du palais de Khorsabad, par MM. J. Oppert et J. Ménant. *Paris*, *Impr. impériale*, 1863, in-folio, br.

891. Sur l'Origine chrétienne des inscriptions sinaïtiques, par François Lenormant. *Paris*, *Impr. impériale*, 1859, in-8, br.

Tiré à cent exemplaires.

292. Quelques Observations sur la lecture des inscriptions libyques, par Ch. de Gressot. *Châtellerault*, 1871, br. in-4 (autographie).

893. Recueil d'inscriptions libyco-berbères, avec 25 planches et une carte de la Cheffia, par M. le Dr Reboud. *Paris*, *Adr. Leclère*, 1870, br. in-4.

894. Les Inscriptions des Achéménides conçues dans l'idiome des anciens Perses, éditées et commentées par M. J. Oppert. *Paris*, *Impr. nationale*, 1851, in-8, demi-rel. maroq. viol.

895. Inscriptions chrétiennes de la Gaule antérieures au VIIIe siècle, réunies et annotées par Edmond Leblant. *Paris*, *Impr. impériale*, 1851, in-4 br. (tome Ier).

VII. NUMISMATIQUE.

896. Histoire de la monnaie depuis les temps de la plus haute antiquité jusqu'au règne de Charlemagne, par M. le marquis Garnier. *Paris*, 1819, 2 vol. in-8, demi-rel. veau bleu.

897. Saggio di osservazioni numismatiche, per Giuolo Minervini. *Napoli*, 1856, in-4 cart. (7 planches).

898. A. Chabouillet. — Recherches sur les origines du cabinet des médailles et particulièrement sur le legs des collections de Gaston, duc d'Orléans, au roi Louis XIV. *Paris*, 1874, in-8, br.

899. Description des médailles du cabinet de M. de Magnoncour, par Adrien de Longpérier. *Paris*, *Firmin-Didot*, 1840, gr. in-8 br. (planches).

900. Choix de médailles grecques, par H.-D. Luynes. *Paris*, *Firm.-Didot fr.*, 1840, 17 planches in-folio en ff.

901. Les Monnaies d'Athènes, par E. Beulé. *Paris*, *Rollin*, 1858, in-4, demi-rel. maroq. vert.

902. Numismatique du Voyage du jeune Anacharsis, ou médailles des beaux temps de la Grèce publiées par C.-P. Landon, accompagnées de descriptions et d'un essai sur la science des médailles par T.-M. Dumersan. *Paris*. 1818, in-8, demi-rel. v. fauve. (*Planches gravées.*)

903. Notice sur quelques médailles grecques inédites appartenant à des rois inconnus de la Bactriane et de l'Inde, par M. Raoul-Rochette. *Paris*, *Impr. royale*, 1834, br. in-4 de 28 pages (planche).

904. Médailles impériales grecques relatives aux ΘεμιΔεΣ de l'Asie-Mineure, par Henri de Longpérier. *Paris*, 1869, br. in-8, planches.

905. Essai sur le classement des monnaies d'argent des Lagides, par François Lenormant. *Blois*, 1855, in-8 en ff. 8 planches.

906. Essai de classification des suites monétaires byzantines, par F. de Saulcy. *Metz*, 1836, in-8 et atlas in-4 de 33 planches, demi-rel. v. fauve tr. marbr.

907. Histoire de la monnaie romaine par Théodore Mommsen, traduite de l'allemand par le duc de Blacas. *Paris*, *Rollin et Feuardent*, 1865-1875, 4 vol. gr. in-8 br. (planches).

908. Recherches sur les insignes de la questure et sur les récipients monétaires, par Henri de Longpérier. *Paris*, *Didier*, 1868, in 8 br. (3 planches.)

909. Numismatique et inscriptions cypriotes, par H. de Luynes. *Paris*, *Plon fr.*, 1852, in-4 cart. 12 planches.

910. Voyage en Asie-Mineure au point de vue numismatique, par W.-H. Waddington. *Paris*, *Rollin*, 1853, gr. in-8 br. 11 planches.

911. Recherches sur la numismatique judaïque, par F. de Saulcy. *Paris*, *Firm.-Didot fr.*, 1854, in-4, 20 planches demi-rel. maroq. viol.

912. Essai sur la numismatique des Satrapies et de la Phénicie sous les rois achæménides, par H. de Luynes. *Paris*, *Firm.-Didot fr.*, 1846, in-4 et atlas cart.

913. Essai sur les médailles des rois de Perse de la dynastie sassanide, par Adrien de Longpérier. *Paris*, *Firmin-Didot fr.*, 1840, in-4, demi-rel. maroq. vert. (12 planches.)

914. Numismatique des croisades, par F. de Saulcy. *Paris*, 1847, in-4, 19 planches, demi-rel. maroq. viol.

915. Numismatique de l'Arménie au moyen âge, par Victor Langlois. *Paris*, *Cam. Rollin*, 1855, in-4, br. (7 planches).

916. Notice des monnaies françaises composant la collection de M. J. Rousseau, accompagnée d'indications historiques et géographiques, et précédée de considérations sur l'étude de la numismatique française par Adrien de Longpérier. *Paris*, 1847, in-8 (8 planches), demi-rel. maroq. rouge.

917. Recherches sur les monnaies des ducs héréditaires de Lorraine, par F. de Saulcy. *Metz*, 1841, in-4 (36 planches), demi-rel. maroq. viol.

918. Numismatique de la Gaule narbonnaise, par L. de la Saussaye. *Blois et Paris*, 1842, in-4 (23 planches), demi-rel. maroq. viol.

919. Recherches sur les monnaies des évêques de Toul, par C. Robert. *Paris*, *Rollin*, 1844, br. in-4 (10 planches).

920. Études numismatiques sur une partie du nord-est de la France, par C. Robert. *Metz*, 1852, in-4, cart. (18 planches).

921. Recherches sur les monnaies et les jetons des maîtres échevins et description des jetons divers, par Ch. Robert. *Metz*, 1853, in-4 cart. (6 planches).

Un des douze exemplaires imprimés sur carton vélin.

922. Études numismatiques sur une partie du nord-est de la France, par C. Robert. *Metz*, 1852, in-4 br. (18 planches).

923. Recherches sur les monnaies et les jetons des maîtres échevins et description de jetons divers, par Ch. Robert. *Metz*, 1853, in-4 br. (6 planches).

924. Numismatique de Cambrai, par C. Robert. *Paris*, *Rollin et Feuardent*, 1861, in-4 br. (pl. de médailles).

925. Numismatique de Cambrai, par C. Robert. *Paris*, *Rollin et Feuardent*, 1861, in-4 (planches de médailles), demi-rel. maroq. rouge.

926. Description des monnaies mérovingiennes du Limousin, par Maximin Deloche. *Paris*, *C. Rollin et Feuardent*, 1863, gr. in-8 br. (planches).

927. Sigillographie de Toul, par Ch. Robert. *Paris*, *Rollin et Feuardent*, 1868, in-4 (41 planches gravées), demi-rel. maroq. rouge.

928. Notice descriptive des mereaux trouvés à Thérouanne et que l'on peut attribuer à cette ville, par M. L. Deschamps de Pas. *Bruxelles*, 1871, in-8 br. (19 planches).

929. Collection de plombs historiés trouvés dans la Seine, et recueillis par Arthur Forgeais. *Paris*, *Aubry*, 1862-1866, 5 vol. gr. in-8. (Les 4 premiers brochés et le 5e demi-rel. maroq. vert.)

Première série. Mereaux des corporations de métiers, orné de 200 gravures. — 2e série. Enseignes des pèlerinages. — 3e série. Variétés numismatiques. — 4e série. Imagerie religieuse, et 5e série, numismatique populaire.

930. Essai de classification des monnaies autonomes de l'Espagne, par F. de Saulcy. *Metz*, 1840, in-8, demi-rel. veau vert.

931. Essai sur la numismatique ibérienne, précédé de recherches sur l'alphabet de la langue des Ibères, par B.-A. Boudard. *Paris*, 1859, in-4, br. en livr. (planches).

Ouvrage bien complet.

932. Description générale des monnaies antiques de l'Espagne, par Aloïss Heiss. *Paris*, *Impr. nationale*, 1870, fort vol. in-4 br. (67 planches de médailles).

933. Germain (A.). — De la Monnaie mahométane, 1854. — Anciennes Monnaies seigneuriales de Melgueil et de Montpellier, 1852. — Le Couvent des Dominicains de Montpellier, 1856. — Un Professeur de mathématiques sous Louis XIV, 1855, etc.; ens. 27 pièces in-4. br.

VIII. BIOGRAPHIE.

934. Biographie universelle ancienne et moderne. *Paris*, *Michaud fr.*, 1811-1828, 52 vol. — Partie mythologique, 1832, 3 vol.; ens. 55 vol. gr. in-8, texte à deux col. demi-rel. v. fauve.

935. Vies de plusieurs personnages célèbres des temps anciens et modernes, par C.-A. Walckenaer. *Laon*, 1830, 2 vol. in-8, demi-rel. v. antiq.

936. Essai sur Amyot et les traducteurs français au XVIe siècle, précédé d'un éloge d'Amyot, par Aug. de Blignières. *Paris*, *Aug. Durand*, 1851, in-8, demi-rel. v. viol.

937. François Villon. Sa vie et ses œuvres, par Antoine Campaux. *Paris*, *A. Durand*, 1859, in-8, br.

938. Mémoires de Garasse (François), de la compagnie de Jésus, publiés avec une notice et des notes par Ch. Nisard. *Paris*, *Amyot*, 1861, in-12, br.

939. Étude sur la vie et les œuvres de Pellisson, par F.-L. Marcou. *Paris*, *Didier et Durand*, 1859, in 8, br.

940. Le Chancelier d'Aguesseau. Sa conduite et ses idées politiques, par M. Francis Monnier. *Paris*, *Didier*, *s. d.*, in-8, demi-rel. maroq. viol.

941. Notice sur M. Daunou, par M. B. Guérard, suivie d'une notice sur M. Guérard par M. N. de Wailly. *Paris*, *Dumoulin*, 1855, in-8, demi-rel. maroq. bl.

942. La Vie politique de M. Royer-Collard, ses discours et ses écrits, par M. de Barante. *Paris*, *Didier*, 1861, 2 vol. in-8, maroq. noir jans. tr. jasp.

943. Notice historique sur la vie et les travaux de Georges-Frédéric Creuzer, par M. Guigniaut. *Paris*, *Firm.-Didot fr.*, 1864, gr. in-8, br. de 63 pages.

944. Chateaubriand. Sa vie et ses œuvres, étude littéraire et morale par M. Charles Benoît. *Paris*, *Didier*, 1865, in-12, broch.

945. Notice historique sur la vie et les travaux de M. Jos.-Victor Le Clerc, par M. N. Guignaut. *Paris*, *Firm.-Didot fr.*, 1866, br. in-4 de 31 pages.

946. Notice historique sur la vie et les travaux de M. Quatremère de Quincy et sur M. Etienne Quatremère, par M. Guigniaut. *Paris*, *Firm.-Didot fr.*, 1866, 1 vol. et br. in-8.

947. Notice historique sur la vie et les travaux de M. le duc Albert de Luynes, par M. Guigniaut. *Paris*, *Firm.-Didot*, 1848. br. in-4 de 43 pages.

848. Notice historique sur la vie et les travaux de M. le comte A. de Laborde, par M. Guigniaut. *Paris*, *Impr. impériale*, 1848, br. in-4 de 44 pages.

949. Notice historique sur la vie et les travaux de M. Boissonade, par M. Naudet. *Paris*, *Impr. impériale*, 1868, br. in-4 de 56 pages.

950. Portalis. Sa vie et ses œuvres, par René Lavollée. *Paris*, *Didier*, 1869, in-8, br.

951. Notice historique sur la vie et les travaux de M. François Bopp, par M. Guigniaut. *Paris*, *Firm.-Didot fr.*, 1869, br. in-4 de 23 pages.

952. Notice sur la vie et les travaux de M. Charles Alexandre, par M. Guigniaut. *Paris*, *Firmin-Didot fr.*, 1871, in-4 de 20 pages.

953. Érasme. Étude sur sa vie et ses ouvrages, par Gaston Feugère. *Paris*, *L. Hachette*, 1874, in-8, br.

954. Ibn Khallikans. Biographical dictionary translated from the arabic by baron Mac Guckin de Slane. *Paris et Londres*, 1842-1871, 4 vol. in-4, demi-rel. v. fauve tr. jasp.

Le tome IV est broché.

IX. BIBLIOGRAPHIE.

955. Alde Manuce et l'hellénisme à Venise, par Ambroise Firmin-Didot. *Paris*, 1875, in-8, br., orné de quatre portraits et d'un fac-simile.

956. Histoire de l'Imprimerie impériale de France, suivie des specimens des types étrangers et français de cet établissement, par F.-A. Duprat. *Paris*, *Impr. impériale*, 1861, gr. in-8, br.

957. Catalogue des manuscrits grecs de la bibliothèque de l'Escurial, par E. Miller. *Paris*, *Impr. nationale*, 1848, in-4, demi-rel. maroq. viol.

958. Catalogue général des manuscrits des bibliothèques publiques des départements (tome IIIe). *Paris*, *Impr. impériale*, 1861, in-4, cart.

959. Notices de bibliographie et d'histoire littéraire, par F. Morame, *s. l.*, 1868, br. in-12 de 60 pages. (Lettre et envoi autogr. sig. de l'auteur à M. Guigniaut.)

Les livres à cartons, des accusations de plagiat littéraire, sur quelques livres.

X. INSTITUT.

960. Recueil des discours, rapports et pièces diverses lus dans les séances publiques et particulières de l'Académie française (de 1803 à 1870). *Paris, Firm.-Didot fr.*, 1847 à 1860, 10 vol. in-4, br.

961. Histoire et Mémoires de l'Académie des inscriptions et belles-lettres. *Paris*, 1736 à 1808, 50 vol. in-4, veau.

On a joint à cet exemplaire les deux volumes de tables.

962. Mémoires de l'Institut national des sciences et arts, littérature et beaux-arts. *Paris, an VI-an XII*, 5 vol. in-4, v. antiq.

963. Histoire et Mémoires de l'Académie des inscriptions et belles-lettres. *Paris*, 1815 à 1870, 26 tomes en 38 parties in-4 cart.

Il manque le tome XXII, le tome XXV 1re partie.

964. Mémoires présentés par divers savants à l'Académie des inscriptions et belles-lettres (1re série). *Paris*, 1844 à 1869, 8 tomes en 10 parties in-4, cart.

Manquent les tomes VII et VIII, 2e partie.

965. Mémoires présentés par divers savants à l'Académie des inscriptions et belles-lettres (2e série), antiquités de la France. *Paris*, 1843 à 1875, 5 tomes en 6 volumes in-4, cart. et br.

Manque tome V, 1re partie.

966. Académie des Inscriptions et belles-lettres. — Comptes rendus. *Paris, Aug. Durand et Pedone-Lauriel et Alph. Picard*, 1859-1875, en livr. in-8, br. (la plupart des années en double).

Manque l'année 1860, janvier à septembre 1862, l'année 1863, janvier, février, mars et juillet à décembre 1875.

967. Notices et extraits des manuscrits de la Bibliothèque nationale, tomes XIII à XXIII. *Paris*, 1838 à 1872, 19 parties in-4, cart. et br.

Manquent tomes XXII et XXIII 1re partie.

968. Mémoires de l'Académie des sciences. *Paris*, 1862 à 1870 (tomes XXVI à XXXVII), 11 vol. in-4, br.

Manquent les tomes XXVIII, XXX et XXXI.

969. Mémoires présentés par divers savants à l'Académie des sciences. *Paris*, 1862-1872 (tomes XVI à XX), 5 vol. in-4, cart. ou br.

970. Mémoires de l'Académie des sciences morales et politiques. *Paris*, *Firm.-Didot fr.*, 1837-1872, 13 vol. — Savants étrangers, 2 vol.; ens. 15 vol. in-4, cart. et br.

971. Histoire littéraire de la France. *Paris*, *V. Palmé*, 1865 à 1869, tomes I à XV. — *Paris, Didot*, 1838 à 1873, tomes XIX à XXVI; ens. 22 vol. in-4.

Il manque les tomes XII, XVI, XVII et XVIII, en double tomes XI et XXV. Les tomes I à VIII en demi-rel.; tome IX à la fois br. ou cart.

XI. JOURNAUX.

972. Archives des missions scientifiques et littéraires. *Paris*, *Impr. nationale* (1re série), 1850 à 1857, 6 vol. (I à VI) en livr. — 2e série, 1864 à 1871, 7 vol. en livr. — 3e série, 1872-1876, 3 vol.

Manque 2e série, 2e livr. du tome Ier. — 3e série, 3e livr. du tome II.

973. Revue des Sociétés savantes de la France et de l'étranger, publiée sous les auspices du ministre de l'instruction publique. *Paris*, 1856 à 1875.

Première série. *Paris*, *P. Dupont*, 1856-1858, manque l'année 1857. — 2e série. *Paris*, *P. Dupont*, 1859-1862, manque octobre 1861. — 3e série. *Paris*, *P. Dupont*, 1863-1864. — 4e série. *Paris*, *Impr. impériale*, 1865-1869, manque août 1865. — 5e série. *Paris*, *Impr. impériale et nationale*, 1870 et suiv., l'année 1871, mars, avril 1873. — La collection s'arrête à septembre 1875.

974. Bulletin du comité de la langue, de l'histoire et des arts de la France. *Paris*, *Impr. impériale*, 1853-1857, 4 vol. en livr. in-8.

975. Bulletin de la Société de géographie, rédigé sous la direction de la section de publication, par MM. A. Malte-Brun, A. Barbier du Bocage, Cortambert, etc. *Paris*, *Arthus Bertrand et Ch. Delagrave*, 1835 à mars 1876; ens. 40 années en livr. in-8, br.

Manque la 1re série. — 2e série, 1835-1843, manquent les 13 premières livraisons (cette série est reliée en dem.-v. f.). — 3e série. 1844 à 1850, manque la livr. 56, août 1849. — 4e série. 1851-1860. — 5e série. 1860-1870, manquent les livr. de septembre 1864 et de mai 1868. — 6e série. 1871 et années suivantes.

976. Bibliothèque de l'École des chartes, revue d'érudition consacrée spécialement à l'étude du moyen âge. *Paris, Hérold, Franck et Alph. Picard*, de 1862 à 1876 (XXIVe à XXXVIe année); ens. 12 années en livr. in-8, br.

Manquent à cette collection les livraisons de novembre, décembre 1865, d'octobre 1866 et 1re, 2e et 3e livr. de 1873.

977. JOURNAL ASIATIQUE. *Paris, Dondey-Dupré*, 1822 à 1843, 42 tomes en 22 vol. in-8, demi-rel. v. viol., et de 1844 à 1876 en livraisons.

Première série. 1822-1827, 11 vol. — 2e série. 1828-1835, 16 vol. — 3e série. 1836-1842, 14 vol. — 4e série. 1843, 2 tomes reliés et 1844-1852 en livraisons. — 5e série. 1853-1862. — 6e série. 1863-1872. — 7e série 1873-1876, jusqu'au mois de mars.

Les numéros de septembre, octobre 1845, février, mars, juin et juillet 1861, juillet 1867, avril, mai 1868, mai et juin 1870, juillet 1872 et juillet 1873, manquent.

978. JOURNAL DES SAVANTS. De 1823 à 1876, formant 26 vol. in-4, demi-rel. v. fauve et livr. brochées.

Numéros dépareillés de 1818 à 1822, 12 livraisons.
L'année 1825, manque le numéro de septembre,
— 1826, manque le numéro de février.
— 1864, manque le numéro d'octobre,
— 1867, manque le numéro d'août.

979. Revue archéologique, ou Recueil de mémoires relatifs à l'étude de l'archéologie. *Paris, A. Leleux*, 1844 (1re année) à 1860, 16 années. — Nouvelle série. *Paris, Didier*, 1860 à 1875, 16 années; ens. la collection formant 32 années en livr. in-8.

Il manque à cette collection la livraison de décembre 1869 et celle de décembre 1871.

FIN.

TABLE DES DIVISIONS.

THÉOLOGIE.

SCIENCES.

BELLES-LETTRES.

HISTOIRE.

FIN DE LA TABLE DES DIVISIONS.

www.ingramcontent.com/pod-product-compliance
Lightning Source LLC
LaVergne TN
LVHW020430230826
846091LV00004B/1434

* 9 7 8 2 0 1 3 6 2 8 5 7 0 *